LATİF ERDOĞAN, 1956 yılında Uşak'ta doğdu. 1967'de İlkokulu; 1974'de İmam Hatip Okulu'nu; 1978'de Yüksek İslam Enstitüsü'nü İzmir'de bitirdi.

1981'de bir yıl kadar Diyanet'te vaiz olarak çalıştı. Daha sonra yazarlık hayatına atıldı. Çeşitli gazete ve dergilerde makaleler yazdı; kitap çalışmalarını sürdürdü.

1994'de Gazeteciler ve Yazarlar Vakfı'nın kurucuları arasında bulundu ve üç yıl aynı vakfın Yönetim Kurulu Başkanlığı'nı üstlendi. 1997-2000 arası, Akademik Araştırmalar Vakfı'nda yöneticilik yaptı. Özel eğitim çalışmalarını gerçekleştirmek üzere Almanya, Amerika ve Latin Amerika ülkelerinde bulundu. Kuruluş yıllarından itibaren, uzun süre Zaman Gazetesi'nde sonrasında Bugün Gazetesi'nde haftalık yazılar yazdı. Halen, haftalık yazılarını Akit Gazetesi'nde sürdürmektedir.

Yayınlanmış 7 eseri bulunmaktadır.

Evli, biri kız, ikisi erkek üç çocuk babasıdır.

© Turkuvaz Medya Grubu
© Latif Erdoğan

Şeytanın Gülen Yüzü

Baskı-Cilt

Turkuvaz Haberleşme ve Yayıncılık A.Ş.
Akpınar Mah. Hasan Basri Cad. No: 4 Sancaktepe-Kartal/İst.
T: +90 216 585 90 00
F: +90 216 585 91 30

Bu kitabın yayın hakları Turkuvaz Medya Grubu'na aittir. Kaynak gösterilerek yapılacak alıntılar haricinde yayıncının izni olmaksızın hiçbir surette kullanılamaz.

1. Baskı, 5.000 adet, İstanbul - Temmuz 2016
2. Baskı, 5.000 adet, İstanbul - Temmuz 2016
3. Baskı, 5.000 adet, İstanbul - Temmuz 2016

ISBN: 978-605-66708-0-0

Turkuvaz Haberleşme ve Yayıncılık A.Ş.
Yayıncı Sertifika No: 12815

ŞEYTANIN GÜLEN YÜZÜ

LATİF ERDOĞAN

İÇİNDEKİLER

ÖNSÖZ 9

İLK TANIŞMAM 13
GÜLEN'İN EĞİTİM SORUNSALI 16
ALVAR İMAMI ve GÜLEN İLİŞKİSİ 20
GÜLEN ve TASAVVUF 31
MESİHLİK İDDİASI 34
RİSALE-İ NURLARLA TANIŞMASI 43
GÜLEN'İN KENDİ CEMAATİNİ KURMA TEŞEBBÜSÜ 45
CEMAATİN ORGANİZASYON YAPISI 48
GÜLEN BİR PROJE MİDİR? 52
İLK NÜVE KAMPLAR 67
RÜŞVET 69
TALEBENİN SABUNUNU NEDEN KULLANMADI
YEMEĞİNİ NİÇİN YEMEDİ? 71
EVLENMEME MESELESİ 73
CEMAAT OLUŞUMUNDA VAAZLARIN YERİ 76
MÜESSESELEŞME SÜRECİ 80
BİR MEDYA PATRONU OLARAK GÜLEN 88
PARALEL DEVLET YAPILANMASINA DOĞRU 99
FİNANS KAYNAĞI 104
GÜLEN ve SİYASET 107
GÜLEN ARANDI MI? 119
GÜLEN'İN ÜÇÜNCÜ HACCI 123
DARBELER ve GÜLEN 125
GAZETECİLER ve YAZARLAR VAKFI SERÜVENİ 128
CEMAATİN YURTDIŞINA AÇILIMLARI 132
28 ŞUBAT SÜRECİNDE YAŞANANLAR 136
GÜLEN'İN DEĞİŞİM ve DÖNÜŞÜM SENDROMU 141
NEPOTİZM ve CEMAAT 145
AMERİKA SONRASI SÜREÇTE GÜLEN CEMAAT
İÇİNDEKİ KONUMUNU NASIL KORUDU? 148
GÜLEN'İN İSTİHBARAT SAPLANTISI 150
FUAT AVNİ MESELESİ 154
GÜLEN'İN DİĞER CEMAATLER PROBLEMATİĞİ 157
GÜLEN – AK PARTİ – ERDOĞAN İLİŞKİLERİ 159
ERGENEKON – BALYOZ – ASKERİ İSTİHBARAT OPERASYONLARI ... 163
GÜLEN SONRASI CEMAAT 166
KARAKTERİSTİK ÖZELLİĞİ 169
KENDİMİ DE SORGULARKEN 174
KAÇTIM FAKAT 181

*Devletin bekası uğruna
kavga veren tüm kahramanlara...*

ÖNSÖZ

Ömrümün kırk beş senesini beraber geçirdiğim bir kişiden bahsediyoruz. Aynı ülküye, aynı davaya bağlı olmanın beslediği bu uzun süreçte elbette her yapılan kötü, her yaşanan netameli değildi. Gördüğümüz ve yaşadığımız olumsuzluklar ise, iyi, güzel ve hayır gördüklerimizin yanında devede kulak denecek ölçüde küçük ve basit şeylerdi; bu sebeple de kol kırılır yen içinde kalır, kan kusulur, kızılcık şerbeti içtim denilir; hele kişisel mağduriyetlerin bahse konu edilmesi bile düşünülmezdi. Zaten ben değil biz vardı; herkes bir buz parçası gibi olan enaniyetini cemaat denilen havuzda eriterek bütün bir havuzu kazanmanın ceht ve gayretindeydi. En azından kendi adıma ben öyle düşünüyor, olayları öyle değerlendiriyordum.

Gülen'i ve abi dediklerimi her gün beş vakit namazdan sonraki dualarımda yad etmesem kendimi suçlu ve günahkar hissederdim. Kendi ailemi, anamı, babamı, kardeşlerimi unutalı yıllar olmuştu; bir şey benim için ancak hizmetle irtibatı ölçüsünde değerliydi; hayat dahil hizmetle alakalı olmayan hiçbir şeyin benim yanımda zerre kadar kıymet ve değeri yoktu. Davamı iman, imanımı dava edinmiştim. Yaşamamın maksadı da hikmeti de sadece davamdı.

Bu arada, biz çocukluktan gençliğe geçtik. Cemaat olumlu bir trend izleyerek büyümesini sürdürdü. Gülen'in marifetiyle iş hareketten cemiyet türü teşkilatlanmaya dönüştü. Hiyerarşik bir yapılanma modeline gidildi; makamlar, mansıplar devreye girmeye başladı. Gülen kendini liderlik konumuna taşıdı. O zaman da cemaat içindeki istidat ve kabiliyetlere baskı başladı; ya lider olarak onu kabul edecekler ya da ayrılıp gideceklerdi.

Beni seven, sayan ve şahsıma bağlılık hissiyle irtibatlı bulunan bir grup arkadaşım vardı. Bunlardan bazılarını da yanıma Gülen yerleştirmişti. Ben de bu kişileri biliyordum. Fakat çok samimi ve gayet dürüst davrandım. Hangi niyet ve maksatla olursa olsun, ayrı bir cemaat yapılanmasını teklif eden herkesi hem yanımdan uzaklaştırdım hem de böylesi bir niyete kapalı kalmaya çalıştım. Çünkü şöyle düşünüyordum: Madem ki, böyle ulvi bir hizmet var; ve genel yapıda bu hizmette teveccüh Gülenden yanadır; bu teveccühü kırmaya ve bu ulvi hizmete sekte vurmaya ihtiyaç da gerek de yok. Bu sözümü o zamanlar bütün çevreme sık sık tekrarladığımı ve elimden geldiği ölçüde hep Gülen'i nazara verdiğimi ve bunda da zerre kadar mudarat düşünmediğimi o günün şahitleri bilir ve tasdik ederler. Ben de olsam, o günkü şartlarda aynı şeyleri yapacağıma göre gücü bölmek hem faydasız hem de zararlıdır, düşüncesini kendime sabit fikir haline getirdim.

Hatta, fitne cesaretlenip yol bulamasın diye, böyle durumlarda nefsimi aşarak Gülen'e daha fazla bağlılık gösterdiğim çok olmuştur. Onunla nehir söyleşisi yapmam da, onun vaaz ve sohbetlerini kitaplaştırma çalışmasına girmem de benim açımdan bir fedakarlıktır; bu fedakarlık da söz konusu anlayışla çok yakından alakalıdır.

Gülen benim yaptığımın fedakarlık olduğunu vicdanen teslim etse de, bazen iyiliğimin altında ezilmiş, bunu da bana gösterdiği tepkilerle telafiye çalışmıştır. Yani benim ona iyiliğim çok kere onu bana karşı nankör yapacak kadar fazla olmuştur. Meselenin bu yönünü Şahid-i Ezeli olan Allah'a havale ederek detaylara girmiyorum.. Hele son yirmi senede, o bana kan kusturdu; ben ise ona her defasında kızılcık şerbeti sundum. Sabrım o kadar fazla olmuş ki, bana bir gün şöyle dediğini hatırlıyorum: Sende peygamber sabrı var. Bazen sıkıldığım oluyor, aklıma sen geliyorsun, o nelere katlanıyor, nelere sabrediyor, diyerek kendime ders çıkarıyorum.

Arjantin'de kaldığım sıralarda, Arjantin'den Türkiye'ye Amerika üzerinden gelerek kendisini ziyaret etmiştim. Bana, Arjantin' de büyükçe bir bina al, dedi. Geleyim ben de seninle kalayım. Hiç olmazsa son günlerimde üzerimdeki haklarını helal ettireyim. Dediklerinde samimiydi. Çünkü bunları söylemesini gerektirecek kadar ve daha fazlasıyla üzerinde hakkım vardı; onun her türlü zulmüne, vefasızlığına sabırla ve vefayla karşılık vermiştim.

Şimdi de durum değişmiş değildir. Onun, belki Türk-İslam tarihinin en büyük ihanetine sessiz kalanlar ona karşı en büyük kötülüğü yapanlardır. Ben ise onu bu ihanetinden vaz geçirmek isteyen eski bir dostum ve dostluk hukukunun gereğini de hakkıyla ifa ettiğime inanıyorum. Bu uyarıda kendisiyle ilgili ne kadar başarılı olduğumu bilemem; onu ilerde tarih yazıcılar söyleyecek. Fakat, mütehayyir kitlenin büyük ekseriyetine bu uyarılarımın yararlı olduğunu binlerce şahidin tanıklığıyla biliyorum.

Gülen, sadece yanılıp yanlış yapmadı; aynı zamanda yanlışında ısrar etti, yanılgısını idealleştirdi. Bu sebeple de artık onunla mücadele bir hak- batıl kavgasına dönüştü. Benim için, hakkın yüce hatırı uğruna, eski dostluğu bir kenara bırakıp doğrudan kavgaya girmek, bir zaruret, bir vecibe oldu. Cemaat, çok önemli bir mühimmattı; ancak düşmanın eline geçti; milletine doğrulan serseri bir güç haline geldi. Ya istirdat edilip geri alınacaktı ki, uzun süre gayretimiz bu yönde oldu. Ya da imha edilmesi icap edilecekti. Birincisi imkansızlaşınca, devlet ikinci yolu tercih etti. Cemaati terör örgütü listesine aldı; mücadelesini de bu yönde yürüttü. Bize de bildiğimiz bazı hususları, bir yol haritası olması kabilinden devlet yetkilileriyle paylaşmak kaldı. Onu yapmaya çalıştık. Tabii ki bu arada, devletin icraatındaki haklılığı milletimize de birinci elden anlatmamız gerekiyordu; elinizdeki kitabın öncelikli hedefi de zaten budur.

1990 yılında Gülen'le yaptığımız uzun söyleşi, 1996 yılında yaptığımız kapsamlı söyleşiler, bu kitapta kullanılan bilgilerin birinci kaynağıdır. Ki bu bilgiler bu genellikte ve bütünlükte sadece bizim arşivimizde vardır. İkincisi doğrudan bizim müşahidi olduğumuz ve yaşadığımız anılardan oluşan bilgilerdir ki onların referansı biziz. Bir de 1990 yılında, beraber çalıştığımız arkadaşların, sayıları oldukça çok kişilerle yaptıkları söyleşilerden oluşan arşivimizdeki dosyalara ait bilgilerdir. Gerçi bu son kısma ait bilgilere kitabımızda çok az müracaat ettik; fakat pek çoğu vefat etmiş bulunduğundan, artık böyle bir dosya münderecatının hazırlanması imkansızdır; bu yönüyle de bizim elimizdeki bilgilerin konuyla ilgili önemi tartışmasızdır.

Bu bilgilerden çok az bir bölümü tarafımızdan Küçük Dünyam adıyla yayınlanmıştı. Gerisini yayınlamaya pek ihtiyaç duyulmadı. Ancak, 17-25 Aralık darbe girişimi olarak tarihe not düşülen olaydan sonra, her şey tersine döndü; eski bildiklerimizi de yeniden gözden geçirmemiz gerekti.

Bu sebeple, arşivimdeki bilgileri teker teker bir daha gözden geçirdim. Yeni yaşadıklarımızla, Gülen'in bana anlattıklarının satır aralarını okumaya çalıştım. Meğer Gülen, o gün de bize her şeyi anlatmış; fakat satır aralarındaki boşluklar sebebiyle biz anlatılanları anlamamız gereken gerçeklikte anlayamamışız. Bu çalışma bir bakıma bu hatanın telafisi, bu eksikliğin giderilmesini de hedeflemektedir.

Gülenle aramızdaki en önemli fark, o elindeki gücün hepsini ilk hamlede kullanır; ben ise zamana yaymayı tercih ederim. Hatta, Dolmabahçe'de, dönemin Başbakan'ı Recep Tayyip Erdoğan'la görüşmeye gittiğimde, Cemaat, 30 Mart yerel seçimlerini kast ederek, esas büyük bombalar (tapeleri kast ediyorlar) seçimden birkaç gün önce patlayacak, diyerek ortalığa korku salmaya çalışıyorlardı. Bekleme salonunda, İbrahim Kalın, Mustafa Kamacı, Said Yüce, Oğlum Süleyman Said oturuyorduk; ve benden önümüzdeki günlerde ne tür tapeler olabileceğini sordular. Onlara, korkmayın, dedim. Gülen elindeki kozun bütününü ilk hamlede kullanır; onu da kullandı. Bundan böyle kullanabileceği bir şey yoktur, dedim. Aynı sözü, Tayyip Beyle görüşmemizde de söyledim. Nitekim, görüşümde yanılmamıştım.

Fakat, televizyon konuşmalarımda da söylediğim gibi, bu kavga daha on yıl daha sürecek olsa; ve ben de tek başıma kalsam yine onlara bilgi olarak verilecek karşılığım bulunacaktır. Şimdi de sözümün arkasındayım.

Son olarak, bu kitabın en bariz özelliklerinden birisi de sizi doğrudan analizlerle yüzleştirecek olmasıdır. Bu açıdan da yanlış algılamaları en asgariye indirecek, konusuyla ilgili referans eser olma özelliğini koruyacağı kanısındayım. Hayırlara vesile olması temennisiyle..

7 Mayıs 2016/ Küçükyalı

İLK TANIŞMAM

Gülen'le tanışmamız, 1968 yılında oldu. Henüz on bir yaşındaydım. Komşumuz Cahit Erdoğan'ın ısrarlı talebi üzerine ilkokulu bitirince Kestanepazarı adıyla meşhur, İmam Hatip ve İlahiyata Talebe Yetiştirme Derneği'nin o yılki imtihanına girdim. Kazanınca orada yatılı öğrenci statüsünde kalmaya başladım. Fethullah Gülen İzmir merkez vaizliğinin yanında bu kurumun müdürlüğünü de yürütüyordu.

Bilinen kısa adıyla Kestanepazarı denilen bu dernek, 1945 yılında, İzmirli bazı hayırsever zenginlerin öncülüğünde kuruldu. İmam Hatip ve İlahiyata öğrenci yetiştirmeyi hedefliyordu. Yani, daha talebe, İmam Hatip Okuluna giriş yapmadan buraya giriyor; Kur'an, Arapça, Fıkıh gibi dersler alıyor, sonra da İmam Hatip Okuluna giriyordu. Burada alınan iki senelik ön ders, bir bakıma onun daha sonraki okuyacağı okuldaki mesleki yönünü takviye etmiş oluyordu.

Dernek, İmam Hatip Okulu ile Diyanet teşkilatıyla yakın ilişkiler içindeydi. Bu sebeple de Kestanepazarı'nda okumuş olmak güçlü bir referanstı. Ege

Bölgesi'nde belki de o gün için Türkiye genelinde bu kuruluşun benzeri bir başka kuruluş da yoktu. Bu sebeple de, insanlar yapacakları hayırları yapmada buraya öncelik tanıyordu. Bizim talebelik yaptığımız zamanlarda, özellikle Ramazan aylarında, yönetim bölümünün önünde uzun kuyruklar oluşur; hayırsever vatandaşlar uzun süre bekledikten sonra ancak teberrularını yatırma imkanı bulurlardı.

Kestanepazarı'nın kuruluşuna öncülük etmiş pek çok simayı bizim jenerasyon da tanıma fırsatı buldu. Ali Rıza Güven bunlardan biriydi ve derneğin de başkanıydı. Haftanın birkaç günü mutlaka derneğe gelir, fark ettirmeden talebeleri de kendi ölçülerine göre denetlerdi. Salih Tanrıbuyuruğu ilmiyeden bir insandı. Giyimiyle, hareketleriyle kibarlık, nezahet abidesiydi. Bize fıkıh okutmuştu. Bize hadis dersi okutan Şaban Düz hocamız da yine bu kuruluşun öncülerindendi. Kendisi Salih Tanrıbuyuruğu'nun talebesiydi. Kestanepazarı'nın ilim otoritesi hiç kuşkusuz Simavlı Hoca lakabıyla meşhur Ali Tosun hocamızdı. Varlıklı bir ailenin çocuğu olduğu söylenirdi. Sırf ilim tahsili için, kendi masraflarını kendisi karşılayarak Suriye, Mısır gibi yerlere gitmiş; mükemmel bir ilim adamı olarak vatanına dönmüş ve kendisini talebe yetiştirmeye vakfetmişti. Bize baştan sona Arapça öğreten ve bu konudaki acemiliğimizin bütün çilesini çeken hiç kuşkusuz Habip Görün hocamızdı. Türkiye müftüsü diye anılan meşhur alim Halil Gönenç'in talebesiydi. Kendisi anlatırdı; fakir bir ailenin çocuğuydu. Açlık ve yoksulluk içinde kendisini ilme vermişti. Daha sonra dıştan imtihanla İmam Hatip Okulunu bitirdi; ardından Yüksek İslam Enstitüsünü okudu, müftü oldu. Hakkari, Konya ve Zonguldak'ta il müftülüğü yaptı.

Gülen'i bizim için bu hocalarımızdan farklı kılan tarafı aynı zamanda Nur talebesi olmasıydı.

Ben, üstat Bediüzzaman'ı ve onun eserleri olan Risaleleri daha Kestanepazarı'na girmeden önce, Cahit Erdoğan ağabey vasıtasıyla biliyordum. Fakat bu hareketin cemaat yapısını Kestanepazarı'na girince öğrendim. Bediüzzaman'ın talebesi Mustafa Sungur ağabeyin oğlu Muhammet Nur Sungur, benim hem sınıf hem de uzun süre sıra arkadaşımdı. Onunla birlikte Mustafa Birlik ağabeyin evinde yapılan Risale-i

Nur derslerine gidip gelmeye başladık. O dönemlerde Gülen'in bu cemaat arasında hiçbir ayrıcalığı, sıradan bir nur talebesi olma dışında cemaat tarafından kabullenilmiş hiçbir hususi özelliği yoktu. Bazen bu derslere o da katılır; herkes gibi okunanları dinler, sıra ona gelir ve teklif yapılırsa o da yine Risalelerden bir yer okurdu.

Aynı yıllarda Risale dersi yapılan evlerin sayısı çoğaldı; gitmek isteyen haftanın her günü bu evlerdeki derslere katılabiliyordu. Gülen de yine aynı ölçüler içinde bu derslere iştirak ediyordu.

GÜLEN'İN EĞİTİM SORUNSALI

Bilindiği gibi, Gülen İzmir'e vaiz olarak tayin edilmeden önce Kırklareli'nde vaizlik yaptı. Oradan önce de Edirne'de Kur'an kursu öğreticisi olarak görevliydi. Askerden önce de yine Edirne'de imamlık yapmıştı.

Edirne'deki bu ilk dönem öncesi ise Gülen'in talebelik yıllarıdır. İlk muallimesinin kendisine Kur'an okumayı öğreten validesi olduğunu söyler. Kur'an-ı Kerimi hatmettiğinde dört beş yaşlarındadır. Tabii, onun nüfusa kayıtlı olduğu tarih ile esas doğum tarihi arasında ilk haliyle dört yıllık fark vardır. Daha sonra yaşını bir yaş büyüttüğünden bu fark üçe düşmüştür. Gülen'in bütün anlatımlarında bu farkı göz önünde bulundurmamız gerekiyor. Çok kere kendi anlatılarında bu fark birbirine karışıyor. Gülen 1938 doğumludur. Nüfusta ise ilk haliyle 1942, daha sonraki haliyle ise 1941 doğumludur. Gülen yaptığı bazı yanlışları söylerken, işi çocukluğuna hamleder; böylesi zamanlarda da daha çok nüfustaki yaşını kasteder.

İlkokula bir iki sene devam etmiştir. Babası Alvar köyüne imam olduğu için ailece oraya taşınmışlar; bu durum Gülen'in okula devamını engellemiştir.

Gülen ilkokulu daha sonra dıştan imtihan denilen usulle bitirmiştir. Örgün eğitime devam etmek için ortaokulu da dıştan bitirmek teşebbüsünde bulunmuş; fakat bu teşebbüsünden daha sonra vazgeçerek eğitimini ilkokul mezunu olarak sonlandırmıştır.

Gülen dini eğitimini bir müddet babasıyla sürdürmüştür. Fakat babasının Arapça müktesebatı oldukça azdır; dolayısıyla Gülen'in bir başka hocaya ihtiyacı kaçınılmazdır. Bu zaruret onu, Alvar İmamı'nın torunu Sadi Mazlumoğlu'nun medresesine yönlendirir. Gülen burada Arapçaya yeniden başlayarak okunması mutat kitapları okur. Bunlar Emsile, Bina, Maksut, Merah, Avamil, İzhar, Kafiye ve Molla Cami kitaplarıdır.

Fakat, Gülen burada hocasıyla uyumsuzluk içine düşer. Sadi Mazlumoğlu'nun yanından ayrılarak Erzurum'da bilinen bir alim olan Osman Bektaş'ın yanında okumalarını sürdürür. Fıkıh ve Mantık derslerini bu dönemde öğrenir. Zaten Gülen'in en ciddi ve verimli öğrencilik dönemi de bu dönemden ibarettir.

Gülen'in tedris dönemlerini ve öğrendiklerini göz önünde bulundurduğumuzda onun bir ilim disiplininden geçmediği görülür. En iyimser ifade ile Gülen otodidakt denilen, kendi kendini yetiştirmek suretiyle elde edilen bir bilgi, bir kültür birikimine sahiptir. Fakat, belli bir disiplinle yetişmediğinden bu durum Gülen'i malumat sahibi yapsa da ilim adamı olmasını engellemiştir. Gülen İslami hiçbir ilim dalında mütehassıs denebilecek seviyeyi yakalayamamıştır. Hafızası güçlü olduğu için, ansiklopedik bilgilerle kültürünü çok yönlü artırmış; fakat uzmanlaşma ve düşünce derinliği noktasından hep sığ kalmıştır.

Gülen kesinlikle başkalarından aldıklarından soyutlandığında hiçbir konuda herhangi bir özgün düşüncenin sahibi değildir. Hatta, onun hakkında kitap yazan bazı arkadaşlara o zamanlar da bu düşüncemi söylemiş; bana Gülen'e ait üç tane özgün düşünce söyleyin, demiştim. Hepsi de sadece şaşkın şaşkın yüzüme bakmış, gerçekten de biz meselenin bu yönünü hiç düşünmedik, demişlerdir. Bu konuda en iddialı çalışmayı yapanlardan birisi Suat Yıldırım'dır. Tefsir hocasıdır. Elbette tefsir hocası olmak müfessir olmak değildir. O noktadaki zaafı da mazur görülebilir. Fakat bir tefsir hocası sıfatıyla Gülen'in tefsirdeki yerini ve üstünlüğünü anlatmak için verdiği konferansında Bediüzzaman'ın Yirmi Beşinci Sözdeki Kur'an'la ilgili düşünce ve söylemlerini tekrarlamış, ardından da bu düşünce ve söylemleri Gülen'e izafe edip sözünü tamamlamıştır.

Gülen'in elliden fazla yayınlanmış kitabı bulunuyor. Bunların bir kısmı kendi yazdığı makalelerden derlenmiş kitaplardır. Diğerleri ise vaaz, sohbet, konferanslarından oluşmuştur. Ben, kendi yazdıklarından çok, Risale-i Nurların bir şerhi, bir izahı konumunda olduklarından dolayı konuşmalarından oluşan kitapları önemsemişimdir. Hatta cemaat içinde ilk defa bu konuşmaların kitaplaşmalarını öneren ve bu konuda aktif görev yapan ilk kişi de bu satırların yazarıdır.

1976 yılıydı. Gülen İzmir'de Altın Nesil konferansını verdi. Hemen teşebbüse geçerek bu konuşmayı yazıya geçirdim. Sonra da kendisinden izin alarak yayınlamak istediğimi söyledim. Gülen dışında herkes karşı çıktı. Cemaatin bu tür şeylerle uğraşmaması gerektiğini savundular.

1989 yılında, Gülen'in bütün konuşmalarını kitaplaştırmak üzere İstanbul'a taşındım. Dört- beş yıl birinci derecede işim bu oldu. Önceleri evimde çalıştım, daha sonra bir ofis tutarak ekip çalışmasına başladık.

Bir gün Gülen, benden basılı bütün kitaplarını tetkik ve tashih etmemi istedi. Dört ay kadar çalıştım; kitaplarında üç yüze yakın yanlış tespit ettim. Bunları beraberce gözden geçirmek için randevu istedim, hemen şimdi diyerek kaldığı yerin salonuna çekildik. Üç- dört saat müzakerede bulunduk. Bazen tespitlerimi hemen bazen de uzun bir müzakereden sonra kabul etti. Gözyaşları başlıklı yazıda hiçbir yanlış olmadığını görünce; teşekkür ederim, hiç olmazsa bu yazıya dokunmamışsın, dedi. Şaşırdım. Ben gece gündüz çalışmış, ona ait kitapların en az yanlışla çıkması için gayret göstermiştim. Halbuki O, kendi yanlışlarını tashihimden rahatsızlık duymuştu.

Üç- beş gün sonra yanıma Dr. Kudret Ünal'ı gönderdi. Laf arasında, Hoca efendi sizin tenkitlerinizden hiç birini kabul etmediğini söylüyor, dedi. Ben de kitaplar kendisinin, kabul edip etmeme de elbette kendisinin bileceği bir husus, ben sadece bana verdiği vazifeyi en iyi şekilde yapmaya çalıştım, diyerek konuyu kapattım. Halbuki, kitapların sonraki baskıları hep benim tashih ettiğim şekliyle yapıldı…

ALVAR İMAMI ve GÜLEN İLİŞKİSİ

Asıl adı Muhammet Lütfi olan bu mana büyüğü 1868 yılında Erzurum'un Hasankale'ye bağlı Kındığı köyünde dünyaya gelmiş ve 12 Mart 1956 yılında Erzurum'da vefat etmiştir. Kabri şerifi uzun süre imamlık yaptığı Alvar köyündedir. Zaten bu köyde uzun süre vazife yapması sebebiyle Alvarlı Efe Hazretleri diye meşhur olmuştur. Kendisine Alvar İmamı da denilir. Alvarlı Efe Hazretleri Alvar köyünde 24 sene kadar vazife yaptıktan sonra 1939 yılında tedavi için Erzurum'a taşınmış ve vefatına kadar da Erzurum'da yaşamıştır.

Doğu Anadolu'da özellikle de Erzurum'da çok saygın bir yeri olan Alvar İmamı bütün hayatını İman ve Kur'an hizmetine adamış hem büyük bir alim hem de büyük bir Mürşit-i Kamil'dir. İrşat halkasında yüzlerce insan yetiştirmiştir. Onunla irtibatlı olmak çok yönlü kıymeti haiz bir mazhariyettir. İşte Gülen de kendisinin böylesi bir mazhariyete sahip olduğunu iddia etmekte ve ben kendisini tanıdığım günden bu yana –ki bu süre yarım asırlık bir zamanı kapsamaktadır- kendisinin manevi cephesini böylesi önemli bir mazhariyet üzerine temellendirmektedir. Onun "Ben tekkede, Alvar İmamı'nın manevi ikliminde neşet ettim, böyle güzide bir ortamda yetiştim" manasına gelen cümleleri hem sohbetlerinde, hem yazılarında hem de vaazlarında sıkça kullanması, sıkça tekrar etmesi onun böylesi bir temellendirme gayretinin tezahürü olarak değerlendirilmelidir. Fakat hakiki durum nedir?

Gülen'in Alvar İmamı ve oradan kaynaklandığını, oradan beslendiğini iddia ettiği tasavvufi hayatla ne kadar irtibatı, ne seviyede alakası vardır? Önce kendi dediklerini nakledeyim, sonra da bazı olayları aktararak konuya ışık tutmaya çalışayım:

"Alvar İmamı hangi mülahaza ile bilmiyorum, babama "Bunu mutlaka okutalım" diyor ve bizden 4-5 yaş büyük olan kendi torununu tavsiye ediyor. Adı Sadi Efendi. Güzel bir insandı. Bir gün bilmeyerek babamın Tağiler'le de alakası olduğunu söyleyiverdim. Küfreviler'le Tağiler arasında öyle bir rahatsızlık vardı. Babamı bilmeyerek topun ağzına sürmüş oldum. Babama ve bana karşı bir rahatsızlık başladı bunlarda. Ve ben o zaman ayrıldım ondan. Alvar İmamı'nın oğlu Seyfeddin Efendi beni çok takdir ederdi. Biraz babalarının tesiri de vardı. Alvar İmamı bana "Talebem" derdi. Çok çalışırdım. O zaman elektrik de yok. Gaz lambası da herkes olduğu zaman yakılırdı. Ben mumu alır bir kenara çekilir çalışırdım. Hoca da bana hissettirmeden gelir gider kollarmış. Sadi Hoca'nın başka şeyler okumama rızası yoktu. Hatta Kur'an-ı Kerim'i bile. "Hafızlık mı yapmaya geldin buraya" derdi. Halbuki hafızlığımı unutmak istemezdim. Fakat hoca hafızlığımı unutturdu bana. Sadece verdiği derse çalışmamı isterdi. Sonra mevize kitaplarından Durretü'l-vaizin, Durreti'l-nasihin kitaplarını okudum. Babamın kitapları arasında hala baksanız kenarlarına o zamanki yazımla kargacık, burgacık her kelimeye bakıp yazmış olduğumu görürsünüz. Kendi kendime mütalaa etmeye çalışırdım. Sadi Hoca onu da istemezdi. Bu hocadan bir sene kadar okuduk. İzharı bitirtti. Kafiyeyi okutma lüzumunu görmedi. Yaşıtlarım benden bir sene evvel başlamışlar. Bana: "Camiye, sen de onlarla beraber başla, bunlarla beraber metni ezberlersin" dedi. Fakat bu esnada bu rahatsızlıklar doğunca

oradan ayrılmak mecburiyetinde kaldım. Hoca rahatsızlığını açıkça izhar ediyordu: "Orda babam, burada sen" diye. Bir gün suratıma bir tokat da vurdu. Genç birisiydi. Bu meseleleri hazmedecek durumda değildi. Ben de çok onurluydum. Fena halde damarıma basmıştı. O ilk vaaz ettiğim sene biraz acı konuştum. Bana Kel Şamil'in torunu demişti. Ben de cami kürsüsünden: "-Kel Şamil'in torunu olsam ne olacak. Tarihte o kadar tekerrürler var ki. Nuh'tan bir sürü Kenan doğmuş. Azer'den de İbrahim doğmuş" dedim. O zaman için benim yaşımı başımı aşan bir sözdü bu. Yani Kel Şamil sanki Azer bile olsa İbrahim doğarmış ondan. Beri tarafta öbürü Alvar İmamı Nuh bile olsa ondan da Kenan doğarmış manasına geliyordu bu sözler. Bu onların rahatsızlıklarını iyice artırdı.

Bu durum Alvar İmamı'nın vefatına kadar -ki iki sene kadardır- devam etti. O vefat ettikten sonra bu rahatsızlık iyice arttı. Ben yine vaaz imkanı doğunca bu sefer: "-Arabanın altındakiler, araba gidince başları açıkta kaldı" dedim. Onların bu rahatsızlığına reaksiyondu bu bende. Seyfeddin Efendi "-Ramiz buradan gitsin" diye ağırlığını koydu. Halbuki babası "-Buraya gelsin" diye ısrar etmişti. Alvar İmamı'nın hatıralarıyla süslü o beldeden babamın ayrılışı benim çok ağırıma gitti. Babam bir kere imam olmuştu.

Yeniden köye dönmesi rençberliğe avdet etmesi uygun olmazdı. Mecburen Artuzu diye küçük bir köye gitti. Orada imamlık yaptı. Daha sonra da Erzurum'a yerleşti. Babamın irdelenmesini, yadırganmasını, hazmedilememesini içimden atamadım. Alvar İmamı'nın oğlunun babamı Alvar'dan ayırması bana çok dokunmuştu; ama ben bunu şimdiye kadar hiç açmamıştım. Çünkü o büyük zatlara karşı içimizde rahatsızlık olabilir diye. Halbuki olmaması lazım.

Alvar İmamı'nın yanındayken İstanbul'a gelip kurslardan birisine intisap edip çabuk vaiz olma arzusuyla kaçmaya teşebbüsümde de şimdi daha iyi anlıyorum çok öfkelenmiş "-Gitseydin paramparça olurdun" demişti. O zatın bir kendi dairesine karşı kıskançlığının ifadesi veya redd-i müdahele ile "-Başkası karışmasın buna. Sen *bizim dairemiz içindesin." gibi bir mülahazayla kendi dairesi adına beni korudu, iki; belki gelecek adına -o zat ehl-i velayetti- kaçıp gitmeyi düşündüğüm hizbin içine girseydim (Süleyman Efendi cemaatini kastediyor) bu hareketim bugünkü durumuma mani olabilirdi. O gün çocukluk hisleriyle bağlanırdım, şuur altı olurdu ve oraya kapılır giderdik. Nurlara karşı korumuş gibi davrandı. Derdest etti ve huzurunda tuttu. Vefat edinceye kadar başka yere gitmedim; fakat o zaman da başka türlü durumlar oldu."*

Bizim Gülen'le gerçekleştirdiğimiz nehir söyleşinin kısa bir bölümü, önce Zaman Gazetesi'nde, 1991 yılında tefrika edildi. Sonra da Küçük Dünyam adıyla kitaplaştı. Gazetede tefrika edildiği günlerde bir telefon aldım. Muhatabım önce kendisini Hüseyin Kutlu olarak tanıttı; ardından da Gülen'in ifadelerinin hem Sadi Efendiyle olan kısmının hem de medreseden çıkarılma gerekçelerinin doğruyu yansıtmadığını ifade etti. Camia olarak Gülen'in ifadelerinden incindiklerini, eğer istenirse asıl gerekçenin kendileri tarafından kamuoyuna duyurulabileceğini, söyledi. Çok üzüldüm. Fakat yapılabilecek bir şey yoktu. Sadece, yayınlanmış kısım için artık yapılabilecek bir şey yok; fakat tefrika edilen hatıralar kitaplaşacak olursa sizi rahatsız edecek bölümleri kaldırırım, dedim. Nitekim dediğimi yaptım, Gülen'in ağır ifadelerini, tefrika edildiğinde çok tenkit almış bazı bölümlerle birlikte Küçük Dünyam kitabına koymadım.

Aradan yıllar geçti. Tarih 15 Mart 2014. Telefonum çaldı; arayan gazeteci Elif Çakır'dı. Bana, 16 Mart 2014'te Star Gazetesi'ndeki köşesinde, Fethullah Gülen'in "küçük" ihaneti başlığıyla yayınlayacağı yazının içeriği ile ilgili sorular sordu. Yukarıda aktardığım olayı söyleyerek başkaca bir bilgim olmadığını söyledim. Sonra da, Gülen'i Erzurum'dan tanıdığını bildiğim bazı dostları arayarak konunun doğruluk derecesini öğrenmek istedim; Elif Çakır'ın bahsettiği olayın aynen vaki olduğunu ve bu olayın Erzurum'da çoklar tarafından bilindiğini söylediler.

Elif Çakır, Gülen'in, hocası Sadi Efendi'yi, Atatürk aleyhinde konuşmalar yaptığı gerekçesiyle karakola şikayet ettiğini iddia ediyor ve şunları söylüyordu:

"Aşağıda ayrıntılarını aktaracağım, oldukça enteresan bu hikâye üzerine dün Nakip Efendi'ye telefonla ulaştım. Nakip Efendi 76 yaşında. Erzurum'da yaşıyor. Alvarlı Efe Hazretleri'nin hali hazırda hayattaki torunlarından ve Gülen'in de Kurşunlu Medresesi'nden arkadaşı. Gülen'in o yıllardaki medrese arkadaşlarından bir diğerini de Mehmet Nuri Yılmaz olduğunu aktardı Nakip Efendi. Alvarlı Efe hazretleri bölgede hala etkisi ve sevenleri olan Allah dostu bir alim. Mutlaka okumuşsunuzdur Fethullah Gülen'in 'Küçük Dünyam' kitabının ilk baskısında Alvarlı İmam başlığı altında genişçe bir bahis var.

Alvarlı Efe Hazretleri'nden büyük bir övgüyle bahsediyor Gülen. Gülen, 'Küçük Dünyam'da Alvarlı Efe Hazretleri'nin hayattayken babası için 'evladım' dediğini kendisi için de 'talebem' dediğini (K.Dünyam s.36) anlatıyor. Ancak Alvarlı ailesi bunun mümkün olmadığını zaten kitapta bunun gibi pek çok çelişkinin olduğunu söylüyor. Nakip Efendi kitapta asıl itirazlarının ise Gülen'in medrese hocası Sadi Mazlumoğlu Efendi için yazdıkları.

Diyor ki Nakip Efendi: "*Gülen'in hocasına karşı yaptığı davranış sonucunda medreseden atılmak zorunda kaldığı halde meseleyi -ki Erzurum'da neredeyse infial yaratmasına rağmen, biz gençliğine, cahilliğine verip affetmeye çalışmıştık- yıllar sonra kendisini anlattığı kitabında bu kez de medreseden sanki kendisi ayrılmış gibi anlatmış. Ayrıca ayrılma sebebini de çok sinsice Sadi Efendi'nin tecrübesizliğine ve saflığına ve aralarındaki anlaşamamaya bağlamış."*

Kitap, gazetede yayınlanmaya başlayınca haberdar olduklarını söylüyor Nakip Efendi. Ve Alvarlı Efe Vakfı kurucusu ve aynı zamanda damatları olan Hattat Hüseyin Kutlu, Latif Erdoğan'la görüşerek 'Sadi Efendiyle ilgili yazılan kısmın hiç de Gülen'in yazdığı gibi olmadığını, düzeltilmesini' istemişler. Gelelim Gülen'in gerçekte Kurşunlu Medresesi'nden ayrılma sebebine.

Alvarlı Efe vefat edince yerine oğlu Seyfettin Mazlumoğlu geçiyor. Seyfettin beyin büyük oğlu Sadi Efendi de Kurşunlu Medresesi'nde hocalık yapmaya başlıyor. Gülen de O'nun öğrencisi. Bir gün medresenin önüne jandarmalar geliyor ve Sadi Efendi'nin kollarına kelepçe takarak ilçedeki Gürcü Kapı Karakolu'na götürüyorlar. Gözaltına alıyorlar yani.

Sadi Efendi'nin başına gelenler bölgede anında duyuluyor ve halk karakolun önüne yığılıyor. Deyim yerindeyse kıyamet kopuyor o gün Erzurum'da. O tarihe kadar böylesi bir hadise yaşanmamış. Hadise kısa bir süre sonra anlaşılıyor. Meğer Sadi Efendi'den şikayetçi olan öğrencisi Fethullah Gülen!

Meğerse bizim Gülen, 'zaten benden 5-6 yaş büyüktü' dediği hocasına kızmış ve gitmiş 'Atatürk aleyhine konuşuyor, bu adam Atatürk düşmanlığı yapıyor medresede' diyerek karakola şikayette bulunmuş. 1955-56 olmalı diyor Nakip Efendi.

'Neden böylesi bir iftira attı' anlayamadık yıllarca ve bölge halkı da unutmaya çalıştı. 'Bugün yaşananlara bakınca medresede o gün yaşadıklarımızı hatırlıyorum. Hocasının ellerine kelepçe taktıran, Atatürk düşmanlığı yapıyor diyerek şikayette bulunan Fethullah Gülen geliyor aklıma. Ve o gün yaşadıklarımız..."

Geçen hafta duyduğum bu acı hikayenin tüm taraflarıyla konuştum. Latif Erdoğan'la... Alvarlı Vakfı kurucusu ve Efe ailesinin damadı Hattat Hüseyin Kutlu ile ve... O günün canlı şahidi Nakip Efendi ile. Bugün yaşadıklarımızı ve Fethullah Gülen'in ruh halini anlayabilmek için oldukça ibret verici bir hadise."

Elif Çakır'ın yazısında bazı kronolojik hatalar var. Bu olay olduğunda Alvarlı Efe Hazretleri henüz hayattadır. Vefatı 1956, yani bu olaydan yine Gülen'in ifadesine göre iki sene sonradır. Dolayısıyla bu olay 1954 yılında olmuştur ve Gülen 1938 doğumlu olduğuna göre o gün 16 yaşındadır.

Konuyu birinci elden bilgiye dayandırmak bağlamında, Bediüzzaman Hazretleri'nin talebelerinden Konyalı Hafız Ahmet Kutlu'nun oğlu, Alvarlı Efe Hazretleri'nin oğlu ve halifesi Seyfettin Efendi'nin damadı, İlahiyatçı, felsefeci, Hattat Hüseyin Kutlu ile görüşmem gerekiyordu. Uzun uzun konuştuk. Kısa bir bölümünü sizlerle de paylaşayım:

"Zaman Gazetesi'nde bu yazılar çıkmaya başlayınca ben de takip ediyorum tabi, sizi de tanımıyorum, ismen biliyorum. Konu Sadi Efendi faslına gelince, önce Sadi Efendi'nin tecrübesiz falan olduğunu söylüyor, sonra da oradan aramızda ihtilaf çıktı ayrıldım, diyor. Şimdi ben bu ihtilafın ne olduğunu biliyorum. O zaman size telefon açtım, Hoca mı böyle söyledi, sizin yorumunuz mu diye sordum, siz de hayır o ne söylediyse biz onu yazdık, dediniz. Ya bu suçlamayı kaldıracaksınız ya da bu ihtilafın ne olduğunu ben kamuoyuna anlatacağım, dedim.

Şimdi bu ihtilafı ben ne zaman öğrendim; 1970 yıllarında, Alvarlı Efe Hazretleri'nin Hulast'ül- Hakaik ismiyle yayınladığımız eserini hazırlıyorum. Sokullu Mehmet Paşa Camiinde görevliyim, bir görevli odam var. Seyfettin Efendi Hazretleri de geliyor zaman zaman 10 -15 gün kalıyor. Ben bütün nüshalardaki ihtilafları kaydedip kendisine arz ediyorum. Böyle çalışmalara devam ediyoruz. O sırada benim felsefe bölümünden sınıf arkadaşım Hüseyin Öztürk, Nazif Öztürk'ün kardeşi, Nazif Öztürk de İzmir'de o zamanlar. Hüseyin O'nun yanına gidip geliyor. Bana birkaç tane kaset getirdi, İzmir'de Erzurumlu bir hoca efendi var, hitabeti falan çok güzel, dedi. Ben ilk defa o zaman duydum Fethullah Gülen diye birisini. Dinledim, çok hoş bir tavır, bizim de Erzurum'a manen olan zafiyetimiz malum zaten. Sonra Efendi Hazretleri bir teşrifinde, nasıl bir mevzu olduysa ben işte İzmir'de bir vaiz varmış, Erzurumlu, dedim. Kim, dedi. Fethullah Gülen deyince "Bırak o sahtekarı" dedi, aynen böyle. Tabi neden böyle dedin diyemeyiz, ama anlaşılır gibi değil. Sonra yeğeni Allah rahmet eylesin Lütfü Kocabeyoğlu vardı, tüccar, İstanbul'a sık gelip giden. Ona sordum; Hacı Lütfü ağabey, böyle bir şey oldu, nedir? Ben sana anlatayım, dedi. İlk önce ondan duydum. Sonra Sadi Efendi Hocama sordum, sonra Sadi Efendi'nin kardeşi Nakip Efendi'ye. Meğer bu o zaman baya şüyu bulmuş bir hadise imiş. Hatta Nakip Efendi de o zaman medresede okuyormuş. M. Nuri

Yılmaz, Fethullah Gülen, Tayyip Kındığlı (Seyit Efendi'nin oğlu, yani Efe Hazretleri'nin yeğeni) Nakip Efendi, bunlar hep aynı halkadalar, medresede okuyorlar.

Hadise şöyle: Sadi Efendi tokat vurmuş, doğru. Sebebi, Gülen medresede kalması pek uygun olmayan bir arkadaşını yanına almak istemiş, kendisinin de bayağı haşarılığı var. Söylediklerine göre, uslu falan biri değilmiş yani, belki zekâsından. Bunun üzerine gidiyor karakola hocamız, Atatürk aleyhinde bize propaganda yapıyor diye şikâyet ediyor. O zaman da nöbetçi olan jandarma Hacı Salih Efendi'nin oğlu Memduh hoca, tevafuk, hemen Efe Hazretleri'ne haber uçuyor, tabi duyanlar karakolun önüne koşuyor. Efe Hazretleri bir pusula yazıyor, bir haber gönderiyor, olayı kapatıyorlar. Medreseden kovulmasının sebebi bu.

Gelelim Ramiz Efendi'ye; Ramiz Efendi'yi Efe Hazretleri'nden sonra Alvar köyüne imam tayin eden kayınpederim, Seyfettin Efendi. Daha sonra oradan uzaklaştıran da yine kendisi. Kendisinden dinledim, sebebi de görevini tam yapmaması, namazlara doğru dürüst gelmemesi, çocuk okutmaması imiş. Hatta Ramiz Efendi de Seyfettin Efendi Hazretleri'nden bir müddet sarf nahiv okumuş. Tabi Gülen de bu arada Alvar'da yetişiyor, babası orada olduğu için.

Şimdi bu son olaylarda Elif Çakır beni aramadan önce, o zamanın Anadolu Ajansı Genel Müdürü Kemal Öztürk aradı. Ya hocam Fethullah Hoca, Efe Hazretleri'nin eline kelepçe vurdurmuş diye bir haber düştü ajansa, nedir bu dedi. Ben yok öyle değil bu, böyle böyle dedim. O zaman Elif Çakır sizi arasa anlatır mısın dedi, olur arasın dedim. Aradı, ben de anlattım. Seni canlı yayına çıkarayım, dedi. Bak ona şahit olan ben değilim, ben rivayet ediyorum, lakin olaya bizzat şahit olan, şu anda da hayatta olan Sadi Efendi'nin küçüğü kayınbiraderim var. Onunla konuşayım, eğer tamam diyorsa onunla görüşün, dedim. Nakip Efendi ile görüştüm. Olur, zaten ben de haberlerde falan dinliyorum çok moralim bozuk, ben de bir katkıda bulunayım, dedi. Kemal Bey'e ilettim, Nakip Efendi'ye bir muhabir gönderdi, röportaj yaptılar, yayınladılar. Elif Hanım da ona istinaden bir şeyler yazmış.

Şimdi enteresan başka bir şey; benim bacanağımın oğlu Eymen Şahin bu gruba dahil olmuştu. Eymen derhal atlıyor gidiyor Erzurum'a. Orada Hatem hoca var, onunla röportaj yaptırıyor. Sonra Zaman Gazetesi'nde Sadi Efendi'nin eşi bunları yalanlıyor diye bir haber çıktı. Aradım hemen yengeyi, hastaneye yatırmışlardı, çıkarmışlar. Yengenin haberi bile yok haberden, ne gelen olmuş ne giden. Bir de küçük kayınbiraderim var Hasan Bey, Kültür Turizm müdür yardımcısı, ona böyle bir durum olduğunu, halletmeleri gerektiğini, Nakip Efendi'nin iftiracı durumuna düşürüldüğünü söyledim. Derken bir muhabir arkadaş daha gönderildi. Yenge ile röportaj yapıldı, öylece konu kapandı ama tabi Zaman Gazetesi'ni okuyanlar o yalan haberi okumuş oldular.

Hoca efendinin bana bir mektubu var. Konya'daki şubemizin kermesine katılmıştım. Rıdvan Kızıltepe o zaman Konya'nın imamı imiş. Onu getirdiler tanıştırmak için. Rıdvan hoca, Hocamız Efe Hazretleri'ne çok hürmetkârdır, çok sever falan, dedi. Rıdvan hoca, biz doğrusu çok şaşkınlık içerisindeyiz, dedim. Niye, dedi. Vaazlarında ben de rast geldim Efe Hazretleri'nden bahsettiğine ama, methüsena ediyor onlar da, onu anlatmıyor, al başka birinin adını koy ona da yakışır. Efe Hazretleri'ni tanıyarak değil yani o laflar. Şimdi bu zatın hayatta bir tek evladı vardı ve bu zât onun hem evladı hem halifesi, Hacı Seyfettin Efendi. Bu zat vefat etti, ne bir taziye ne bir arama, ne bir selam yok. Bu zatın torunu Hassan Taki Efendi ve benim büyük bacanağım Turan ağabey Erzurum Çiçekli'de PKK'lılar tarafından şehit edildi, bütün Erzurum ayağa kalktı, yine ne bir taziye ne bir şey var. Biz Efe Hazretleri'ni adına izafeten bir vakıf kurmuşuz, tabi ki duyuluyor, yine hiçbir ilgi yok, alaka yok. Nasıl Efe Hazretleri sevgisi bu, dedim. Duymamıştır, dedi. Peki bu daha büyük ayıp değil mi, dedim. Ben gazetede görüyorum çarşaf çarşaf taziye ilanları siyasi, işadamı, bilmem ne, onları duyuyor da bunu duymuyorsa ayıp değil mi, böyle bir şey olur mu, dedim. Anlaşılan bu kulağına gitmiş ki, Sadi Efendi Haseki Hastanesi'nde yatarken, Prof. Tayyar Sarı, benim sınıf arkadaşım hem liseden hem İmam Hatip'ten, zarif bir insan, irtibatımız da var, o tavassut etti, özel bir odada yatırıyoruz. Baktım bir gece ben Sadi Efendi'nin yanındayım, Hoca efendi birkaç kişiyle geldi, Tayyar Bey de var. Oturdular, Tayyar Bey beni tanıttı, Hoca epey bir süzdü beni aşağıdan yukarıya, bir şey demedi. İlk defa karşılaşmamız buydu. Sonra tekrar ziyarete geldi. Sadi Efendi vefat etmeden önce bir adamı geldi; Hoca efendi emretti hastane masraflarını biz ödeyeceğiz, dedi. Kabul etmiyorum, dedim. Hoca efendi istedi, dedi. Ben istemiyorum, yok böyle bir ihtiyaç, dedim, kabul etmedim. Sonradan bir yerde Sadi Efendi'nin masraflarını Hoca efendi ödedi diye, yalan söylüyorlar, yok böyle bir şey. Sonra Sadi Efendi vefat etti.

Nakip Efendi falan gelmişlerdi, kahvaltı yapıyoruz, Büyükşehir'in arabasıyla götüreceğiz. Bir telefon geldi, dediler Hoca efendi görüşmek istiyor, buyurun dedim. Benim Özbekistan, Türkmenistan'dan misafirlerim var. Cenazeyi bir gün erteleyemez misiniz, dedi. Hayır, erteleyemeyiz, Nakip Efendi de burada isterseniz onunla da konuşun, dedim. O da olmaz, dedi. Ondan sonra uçakla Erzurum'a cenazeye geldi. Mehmet Nuri Yılmaz da gelmişti, hatta o kıldırdı cenaze namazını. Alvar'da definde bulundu Hoca, ondan sonra kayboldu gitti. Eve falan da gelmedi, aileden hiç kimseyle de görüşmedi, taziyede de bulunmadı, sadece orada bulundu ve gitti.

Bir de hatıralarında okuduğum bir konu var. Sözde, Gülen, talebelik yıllarında Süleyman Efendi'nin kurslarında okumak için İstanbul'a gitmek istemiş; Erzurum tren istasyonunda Efe Hazretleri'nin emriyle gitmesi engellenmiş, sonra da Efe Hazretleri kendisine, gitseydin vallahi de tallahi de paramparça olacaktın, demiş. Külliyen yalan. Bir kere nakledilen üslup katiyen Efe Hazretleri'nin üslubu değil. İslami bütün cemaat ve meşrepleri son derece muhabbetle kabullenen, kucaklayan nadir mürşitlerden biridir Efe Hazretleri. İkincisi, Gülen'le arasında, onu böylesi sahiplenmeye sevk edecek hiçbir irtibat, alaka ve hukuk söz konusu bile değil. Gülen ailesinden kendisi de dahil teyzesi hariç hiç kimse Efe Hazretleri'ne müntesip de değil.(Halbuki Gülen, annem, babam, dayım, teyzem, annemin babası olan dedem hep Efe Hazretleri'ne müntesip idiler, demektedir.) Gülen'in tekkeye gelip gittiğini de doğrulayan bir kendisi var, başka şahit de yok. Efe Hazretleri'nin O'na talebem, babasına evladım demesi ise, Efe Hazretleri'nin bütün medrese talebeleri ve kendisini ziyarete gelenler için söylediği iltifat kabilinden ifadeler. Yani bu ifadelerin Gülen'e ve Ramiz Efendi'ye tahsisi de doğru değil."*

Gülen'in, Alvarlı Efe Hazretleri'yle ilgili bağı bundan ibaret. Dolayısıyla böylesi bir bağ ile söz konusu ettiği manevi beslenmenin imkansızlığı da ortada. Gülen'in teorik olarak yazdığı tasavvufi bilgiler tamamen derlemedir. Onun kendi pratiğine yönelik söyledikleri, anlattıkları ise, sıradan seyrü sülük yaşayan bir salikin iki- üç aylık tecrübesine tekabül edecek orandadır.

GÜLEN VE TASAVVUF

Kendi anlattıklarından yola çıkarak söyleyecek olursak, Gülen Alvarlı Efe Hazretleri'yle arasındaki mesafeyi aşamayacağı noktaya taşıyınca yeni arayışlara girer. İlk tanıştığı da bir Kadiri şeyhi olan Rasim Baba'dır. Rasim Baba Gülen'e aşırı denecek ölçüde ilgi gösterir. Yanına oturtur, iltifat eder. Şeyhin oğlu da Gülen'in arkadaşıdır. Fakat, bu aşırı ilgi müritler arasında başka türlü, yani Rasim Baba'nın Gülen'i kendisine damat yapacağı şeklinde yorumlanır.

Bu söylentiler Gülen'in kulağına gelince artık bu tekkeye gitmekten vazgeçer. Gülen, bu vaz geçişini, o zata bir türlü ısınıp bütünleşemedim, şeklinde yorumlar. Bu arayış sürecinde Gülen, sonuçsuz başka tecrübeler de yaşar. Yine kendi anlattıklarından aktarmış olayım:

Edirne'de iken, Trabzon veya Rize'den kalkıp gelmiş bir Mehmet Efendi vardı. Nakşi şeyhi bir insandı. Bir iki gün orada kaldı. Yemek filan yedirmiştim. Benimle çok alakadar oldu. Çok dikkatli yaşadığımdan O'nun dikkatini çekmiş. Zabit katibi Kamil Efendi'ye "Bu genç bize ders verdi" demiş. Ama ısınamadım.

Sivas'ta bir İhramcızade İsmail Efendi vardı. Tasavvufa, şeyhlere hürmetimden dolayı o zatı ziyaret edip bir iki defa elini öpmüştüm. Çekmiş yanına oturtmuş, başkası ile alakadar olmayacağı şekilde alakadar olmuştu. Ona da sıcaklık duyamamıştım. Bunun gibi daha çok insanlarla görüştüm. Ama böyle yakınlık duyma olmadı."

Ayrıca, onun tasavvufla ilgili tecrübi alakasını açıklaması bakımından bir olayı da burada aktarmakta fayda görüyorum:

Amerika'da ziyaret ettiğim günlerden birindeydi. Gülen, sohbetinin seyrini tasavvufa çevirerek, en acımasız ifadelerle tasavvufu eleştirmeye başladı. O kadar ki, tasavvufun en amansız düşmanları bile tasavvuf aleyhinde o kadar ağır ifadeler kullanmamıştır.

Onu ilk defa böyle görüyordum. Hayretler içindeydim. Fakat hayretim, Gülen'in anlatımlarından çok içine düştüğü çelişkinin derinliği idi. Şu anda karşımda en acımasız ifadelerle tasavvuf aleyhinde konuşan adam, Kalbin Zümrüt Tepeleri isimli tasavvuf kitabının yazarıydı. Orada göklere çıkardığı hatta onsuz din olamayacağını savunduğu tasavvuf hakkında şimdi neler söylüyordu. Bir ara Kalbin Zümrüt Tepeleri, dedim. **"Ben o kitabı sadece kültür olsun diye yazdım"** dedi ve öfkelenerek salonu terk edip kendi odasına girdi. O'nun bu tenakuz sarmalına düşüşü karşısında donup kaldığımı ve uzun bir süre yerimden kımıldayamadığımı hatırlıyorum.

Ertesi gün, öğle yemeğinden sonra yine aynı fırtına devam etti. O kadar kin ve nefret dolu bir üslupla konuşuyordu ki dediklerinin düşünce ve fikirle bağdaşan hiçbir yanı kalmamıştı. Bu sebeple konuyu müşahhas hale getirmek için İmam Gazali niçin son döneminde tasavvufa meyletmiş, dedim. Gayet kaba bir üslupla, **'nefsine güvenememiş, bana sorsaydı kesinlikle girme derdim'**, dedi ve yine hışımla bulunduğumuz ortamı terk etti.

Gülen'de aşırı denecek ölçüde kendini büyük görme (megolaman) arızası baştan beri var. Mesela, daha nüfus yaşı on yediyi gösterdiği dönemde girdiği vaizlik imtihanında, heyet tarafından sorulan Nur Suresi'nin elli beşinci ayetinden o kendisinin vazifeli olduğuna işaret çıkarmıştır. Gerekçeleri de tamamen sübjektif değerlendirmelerdir.

Evvela, bu ayetin Nur Suresi'nde oluşu; ikincisi elli beşin, on birin katlarından bulunuşu; üçüncüsü de ayetin muhtevasının yapacağı hizmetlerle irtibatının işareti onu böyle bir kabule sevk etmiştir.

1979 yılında, ben Bursa'nın başındayken, katılamadığım aylık toplantıların birinden, yerime gönderdiğim kişinin getirdiği notlar arasında şu mesaj vardı: İmam-ı Gazali, İmam-ı Rabbani gibi zatlar bugün yaşasalardı, bana (Gülen'e) itaat etmekten başka çareleri yoktur.

Aklınca Gülen, Peygamber Efendimizin "Kardeşim Musa dahi bugün yaşasaydı ancak bana tabi olurdu" mealindeki hadisi iktibas ile kendine bu bağlamda bir konum veriyordu.

Ondaki bu saplantı, yani kendisini Peygamber Efendimizin izdüşümünde farz etme sabit fikrinin ne zaman başladığını bilmiyorum. Fakat, Amerika'ya gitmeden önceki bir dönemde, Altunizade'deki FEM binasının son katındaki odasında bir gün bana, şimdi ben doğrudan Allah'la konuşuyorum desem, bazıları bana deli derler, dedi. Sonra da yüzüme dikkatlice baktı. Dediğine göstereceğim reaksiyonu okumaya çalıştı. Hafif tebessüm ile nötr durdum. Aradan kısa bir süre geçti, yine özel bir konuyu görüşmek için odasına girdim. Konuya nasıl girdi, niçin girdi şimdi hatırlamıyorum; fakat dediği aynen şuydu: *"Allah benimle konuştu. Doğru, ben kainatı Muhammed'in hatırına yarattım; ama senin hatırına devam ettiriyorum..."*

Bazı toplantılarda öfkelenip, ben öfkelendiğim zaman dışarıda rüzgar olur, fırtına olur, deprem olur, dediğini kaç defa duymuşluğumuz vardır. Fakat o dönemlerde Gülen'in velayetine inandığımız için bu sözleri en uçuk bulanlarımız bile "şathiye" olarak değerlendiriyordu. Onun için de hiç reaksiyon görmüyordu.

Gülen'i böylesi uçarılığa cesaretlendiren kendi saplantıları yanında biraz da çevresiydi. Önce dünya imamı, sonra da kainat imamı kabul edildiği bir ortamda eğer insan ciddi bir terbiye de görmemişse, çevresinin hüsnü zannın altında kalması kaçınılmazdır.

MESİHLİK İDDİASI

Önce, kendisiyle yaptığımız nehir söyleşide konuyla ilgili birinci ağızdan kendi dediklerini nakledeyim:

"Bir kısım sergerdanlar (Mehmet Tabanca ve arkadaşları) bana büyük bir ruha ait (İsa- Mesihlik) şeyler atfediyorlar. Bunları demeyeceğim. En sevdiğiniz arkadaşlardan bir tanesi (Abdullah Aymaz) böyle kalabalık içinde: "Sen o musun?"dedi.

Çok ağrıma gitti. Böyle bir şey konuşuluyormuş, ediyormuş filan, haberim olmayan bir mesele. Bana öyle denmez yani. Tutulur bana bir kenarda anlatılır, ben de o dalalet fikrine sapmış olanlara "bu küfürdür" derim. Ve bu işi hususi büyütüp şişirenler oldu. Yine ismini veremeyeceğim. Esas Manisalıydı. Başka bir beldede imamlık yapıyordu. Hiç bilemiyorum ben bu meseleleri. Bana oturdu böyle sordu bunu. Dedim ki: Kim ben "0"yum derse kafir olur. Çünkü enbiyaya enbiya değildir demek küfürdür. Enbiya olmayanın enbiyayım demesi de küfürdür. Bana düşen buydu." Fakat gitti meseleyi şöyle ifade etti: "Ben değilim" demedi.

Böyle büyüttüler meseleyi. Tam o esnada mesela yine sevdiğimiz arkadaşlardan öyle bunalmıştım ki bütün bunlarla aynı yerde kalıyoruz, salonda konuşuyorlar. Biri diyor ki: "Ya bu kadar muaraza yapıyorsunuz, bu kadar kan kusturuyorsunuz, gider bu adam."

Diğeri: "Giderse gitsin. Başımızın çaresine bakarız. Kendimize göre iş yaparız" diye cevap veriyor. Kulaklarımla duyunca başıma bir kova sıcak su döküldü.

İşte bu tür söz sarf eden arkadaş bir gün yanıma canı sıkkın olarak geldi ve yine aynı meseleyi (Mesihlik) açtı. Ona: "Allah aşkına nasıl olur böyle şeyler, yani siz demek ki hiç insan tanımamışsınız" dedim. Sen dedi, isteseydin onlar sana hiç öyle demezdi. Yani sanki ben dedirtiyorum. Tam işte bu esnada biri nadim oluyor, öbürü başlıyor, öbürü nadim oluyor bu başlıyor.

İşte İlhan Bey bu fikri attı, dedi ki bu arkadaşlar hizmet adına söz versinler. Nuri (Nurettin Veren) ileri atıldı, bu işi yapalım dedi. İlk defa işte böyle beş on arkadaş bir araya geldiler. Ben ilahiyatçı iki arkadaştan endişe ediyordum, orada bozgunculuk yaparlar, bu sözün (Biat yemini) metnini ben yazmıştım, şartlarını da... Orda da yine unutamayacağım hala bana hicran. Gerçi sonra da böyle vefa sözü verdiler de o iki arkadaş o isme (Fethullah Gülen) gelince yutkundu ikisi de. Yani o kadar bariz bir yutkunma oldu ki, bu herkesin dikkatini çekti. Zafer (Ayvaz) de Nuri de Hocam yutkunanlar var, dediler. Evet, memuriyette Atatürk kanunlarına uyacağız diye yemin çıkardılar 12 Eylül'den sonra. Siz de yaptınız mı öyle bir yemin. İmza attınız en azından. Evet, yani Atatürk'e sadığım manasına. Bu devre bu kadarını açmak bile uygun değildir de ama isterseniz siz hiç buraları kaydetmezsiniz. Fakat bu kadar benim hani bu kadar sıkışmamı, böyle boğulacak hale gelmemi yaşamamıştır kimse. 0 Kardeşten (O dönemde Gülen'in kaldığı apartmanın adı) inip gece çarşının ta o başına kadar yaya gittiğimi, dönüp bir daha geldiğimi ve sabaha kadar deli gibi o sokaklarda dolaştığımı yaşamamıştır kimse."

Gülen'in kendisine isnat edilen Mesihlik karşısında, hem bu isnadı yapanlar hem de bunu ret edenlere tavrının hep dolaylı olduğu görülüyor. Yani O, ne kendisine Mesih diyenlerin bu isnadını doğrudan yalanlıyor ne de karşı söylemde bulunanları doğrudan destekleyen bir söyleme giriyor.

Nitekim O'nun bu tavrı, gün güne kendisini Mesih kabul edenlerin elini güçlendirmiş, işin başında çok azınlıkta kişilerce ifade edilen bu söylem daha sonraları genele yakın bir kitlenin sabit düşüncesi haline gelmiştir.

Gülen'e böyle bir isnatta bulunan ilk kişi -eğer kendisi de baştan beri bu kanaatte değilse- Mehmet Tabanca'dır. 1990 yılında bana yazılı olarak verdiği hatıralarında Mehmet Tabanca bu konuyu uzun uzun anlatmış bulunmaktadır. Şimdi, bunlardan çok kısa bir bölümünü sizlerle de paylaşayım:

"1969-70 senesi Buca Mimarlık Yüksek Okulu'na girdim. O sene kilisenin karşısında bir dershanemiz vardı. 2 katlı, geniş bahçeli, ahşap bir binaydı. Bir kış günü evin ikinci katında bir odada arkadaşlarla ders çalışıyorduk. Bir ara sohbetimiz Hoca efendiye dönüşüverdi. Hatırladığım kadarıyla odada H. İbrahim Uçar, Hüseyin Kaptan KIN, Nureddin Veren, Ali Gezer, Ali Candan, Mehmet Kadan, Mehmet Atalay, Hüseyin Başaran, Salih Yılmaz gibi abilerimiz vardı.

Hoca efendi için herkes kanaat belirtiyordu. Beklenen zat, Halife-i ruyi zemin, Asrın kutbu, Sahibüzzaman gibi ifadeler kullanılıyordu. O gün bu hususta koyu bir sohbet yapmıştık. O gece ben bir rüya gördüm. Rüyamda, deniz kenarında bir tarafı dağın eteği olan bir düzlükte gündüz odadaki arkadaşlarla oturmuştuk, yine Hoca efendi ile ilgili sohbet ediyorduk. Hoca efendinin Hz. İsa olduğuna dair deliller getiriyorduk. Sohbetimizin koyulaştığı bir esnada, denizin içinden deveye veya deve kuşuna benzer bir hayvan çıktı. Yanımıza kadar geldi, konuşmaya başladı.

Hoca efendinin Hz. İsa olduğuna dair deliller anlatmaya başladı, tam sohbetin koyulaştığı an hayvanın yanı başında Hoca efendi beliriverdi, ona Arapça bir şeyler söyledi ve kayboldu. Daha sonra hayvan konuşmadı ve geldiği gibi geriye dönüp gitti ve denizde kayboldu.

Sabahleyin Mehmet Ali hocamla, hocamın kaldığı ilk dershaneye gittik. Güzelyalı yurduna yakın, müstakil bir evdi. O gün otobüste hocamın kaldığı dershaneye giderken gördüğüm rüyayı M. Ali hocama anlattım. Şimdi varınca rüyayı Hoca efendiye anlat, dedi. Ben de sıkılırım anlatamam, sen benim namıma anlatıver, dedim.

Dershaneye vardığımızda hocam gece uyumadığı için istirahate çekilmişlerdi. Biz de salona geçtik. Öğle namazına doğru Hoca efendi abdest tazelemeye çıkmış. Orada kalan bir kardeş salona geldi, namaz için hazırlık yapabilirsiniz, dedi. Ben kollarımı sıvadım, abdest almak için salondan dışarı çıktım, hocam abdest almış geliyordu, antrede karşılaştık. Beni görünce yanıma doğru gelip, eliyle sırtımı okşadı, tebessüm ederek Mehmet kardeş bana bir rüya mı anlatacaksın dedi.

Ben neye uğradığımı şaşırdım. Yok hocam abdest almaya çıktım diyerek yanından ayrıldım. Rüyayı yalnız M. Ali Hocam biliyordu. O da o zamana kadar salondaydı. Hocama söylemesi imkansızdı. Çünkü o vakte kadar ne ben ne o dışarı çıkmamıştık.

Bir gece ikimiz oturuyorduk. Kendisine şu suali tevcih ettim: Hocam Hz. İsa gökten mi inecek, yoksa bir anne babadan mı doğacak dedim. Soruyu cevaplamadan önce tebessüm ettiler ve şöyle cevaplandırdılar: "Cenab-ı Hakk'ın kudretinden uzak değil, gökten indirebilir ama bu sırr-ı teklife uygun olmayacağı için bir anne babadan doğması gerekir."

Yine bir çarşamba gecesi kaldılar. O gün gündüz Hüseyin Kaptan, Nureddin Veren dershane karşısındaki kiliseye papazla görüşmek için gittiler. Papaza, Hz. İsa'yı bekleyip beklemediklerini sormuşlar. Papaz beklediklerini söylemiş. Ertesi günü Kaptan abi Hocamı Kestane pazarındaki kulübesine götürürken yolda kiliseye gittiklerini ve papaza Hz. İsa'yı bekleyip beklemediklerini sorduklarını söylemiş. Hocam da 'Geldi deseydiniz' demiş.

Arkadaşların hepsi vardı. Gündüz bir vaaz kasetini dinlerken, mevzunun bir yerinde hocam şöyle diyordu: 'Şimdi size gördüğüm ve müşahede ettiğim bir vakıayı anlatacağım' deyip sahabe hayatından bir hadiseyi anlatıyor. Bu sözler bizi şaşırttı, akşam gelince bunu soralım deyip, bandın o kısmını ayarlayıp teybe koyduk. Ben bir ara dedim ki, hocam siz bir hutbenizde şimdi size gördüğüm ve müşahede ettiğim bir olayı anlatacağım deyip, sahabe hayatından bir vakıayı anlatıyorsunuz, bu nasıl oluyor dedim. Ben nerede söylemişim deyince, ben teybin tuşuna bastım, o kısmı dinleyince belki o anda görmüşümdür deyip gülümsedi.

Bilirsiniz ki Hoca efendi Cuma vaazından evvel kimseyle görüşmez. Perşembeden başlayıp, Cuma namazı bitimine kadar değişik bir atmosfer içerisinde yaşar. Allahu alem belki de o atmosfer içerisinde anlatacağı olayları asr-ı saadete cereyan ediş şekliyle müşahede ediyor. Olayları bizatihi bütün benliği ile yaşıyor, öyle anlatıyor. Bu hususta duyduğum bir sır var ama anlatılması doğru mu bilemiyorum.

Üstat hazretleri Türkiye'de İzmir hariç gitmediği şehir kalmamış. Üstadımıza niçin gitmiyorsunuz deyince, kendisinden sonra vazifeli şahsa işaret ederek, ben o beldeye o büyük ruhla gireceğim diyor. Hiçbir Mehdi diğerini dünya gözüyle görmemiştir. Nasıl Üstadımızın nurunu neşrettiği mübarek belde Isparta ve havalisi ise Hocamızın da hizmetinin menşei ve merkezi İzmir'dir. Değişik devrelerde değişik beldeler İslam'ın pay-i tahtı olmuş. En son İstanbul Osmanlı devletinin pay-i tahtı olarak 'Beldetün tayyibetün' sırrına mazhar olmuş. Mana aleminde her ne kadar Hocam, Peygamberimize; İstanbul'un pay-i taht olmasını talep etse bile Peygamberimiz hayır pay-i taht İzmir olacaktır, küfür İzmir'den girdi İzmir'den çıkacaktır, diyerek en son karakol olan Türkiye'nin en son 'Beldetün tayyibetün' sırrına mazhar olan pay-i tahtının İzmir olacağını beyan buyurmuşlardır.

Hocam, M. Ali Hocamla hacca gittiğinde Mekke'de Huseyri Kur'an okurken hocam örtüsünün altına kapanıyor, Kur'an-ı Kerim'i o şekilde dinliyor. 'Öyle hissettim ki sanki Kur'an yeni nazil oluyormuş gibi geldi' diyor. Arafat'a çıkarken, M. Ali hocamla giderken M. Ali hocamın ayağı bir yere takılıyor, o ara hocam kayboluyor. M. Ali hocam ne kadar etrafta arasa bile bulamıyor. Hocamın Arafat'a yalnız çıkması gerektiği için Allah (c.c) öyle ayarlıyor.

Hac mevsiminde Arafat'a bütün büyük zatların bir araya geldiği ve o zamanın vazifeli şahsıyla bir senelik manevi hizmetlerin görüşüldüğü söyleniyor. Belki daha büyük sırlar da vardır. Hocama sorulabilir.

Bir gün Bornova'da dershanede yemek yiyoruz. Zafer Ayvaz, Mehmet Kadan ve birkaç kişi daha vardı. Hiç mevzu yokken Hocam, Mehmet Kadan'a doğru dönerek "İsa aleyhisselam güzel konuşurmuş, ben de güzel konuşuyorum değil mi?" dediler. Bizler de güldük.

Bir gün Numan Yüksel, Kemaleddin Özdemir, Naci Tosun, Salih Öz gibi daha birkaç kişinin bulunduğu dar dairedeki bir sohbette kadının peçe meselesi mevzu ediliyor. Numan kardeş de, hocam bazı abiler hanımlarına peçe yaptırmıyorlar, diyor. Hocam da: 'Öyle yaptırmayan var mı deyince Numan Efendi falan falan abiler hanımları peçe yapmıyorlarmış, hem sizin yeğeniniz de peçe yapmıyormuş deyince, Hocam ciddileşerek ve kaşlarını çatarak şunları söylüyor: 'Numan efendi benim yeğenim yok, benim annem de yok, babam da yok. Benim gelip vazife yapmam lazımdı, geldim vazifemi yapıyorum.'

Ben Şiriyner'deki ilk dershanede kalıyordum. Hocam da Kardeş apartmanında kalıyorlardı. Bir gün Abdullah ağabey telaşlı bir vaziyette geldi. Hocam seni çağırıyor seninle konuşacak, artık seni döver mi, yoksa dershaneden mi çıkarır bilemem dedi. Ben ne oldu ağabey, bir şey mi var dedim. Sen suçunu bilirsin haydi hazırlan gideceğiz dedi. Benim elim ayağım boşandı, çok korktum. Azarlanma, dövülme onun eliyle olduktan sonra benim için şeref olurdu. Ama dershaneden atılma meselesi beni bayağı sarmıştı. Öyle bir şey olursa ben ne yaparım, nereye giderim, o kapıdan kovulduktan sonra beni kim kabul ederdi. Böyle korkulu düşünce ve hayallerle Kardeş apartmanına vardık. Kapının zilini çaldık. Kapı açıldı içeri girdim. Hocam salonda birkaç kişiyle yemek yiyorlardı. O tarafa doğru bakınca hocam da bana baktı. Onun bakışı beni bir derece serinletti. Ben o bakışta Abdullah ağabeyin bahsettiği kızgın manayı göremedim. Selam verip salonun karşısındaki, hocamın odasının yanındaki odaya girdim, kapıyı kapatıp heyecanla beklemeye başladım. Hocam kapıyı açıp 'Bu odada mı konuşalım, benim odama mı geçelim' dedi. Ben sükut edince 'Haydi gelin benim odamda konuşalım' dedi. Odasına girip, karşısına diz çöküp oturdum. Devamlı o konuştu ben dinledim. Ara ara bana soru tevcih etse bile ben sükut ettiğim için kendi sorusuna kendisi cevap verdiler: Önce çağırdığım için özür dilerim. Abdullah hoca ısrar ettiği için çağırttım.

Bu mesele ile ilgili ben vaazlarımda böyle bir şey mi işaa ediyorum. Eğer öyle bir şey varsa vaazlarımı toplattırayım. Ama birader hangi birini toplattıracaksın. Ta Almanyalara kadar gitmiş. Benim Türkiye'de ulemadan çok arkadaşım var, onlar bu meseleyi duyarlarsa ben onlara karşı çok utanırım. Gazete cemaati de beni nur talebesi olarak bile kabul etmiyorlar, o hocadır diyorlar. Bir insan sevdiği birisi için hüsn-ü zan edebilir. Ona evliya, kutup, büyük insan nazarıyla bakabilir, ama peygamberlik büyük bir payedir, her önüne gelene verilmez. Sonra peygamber olmayan bir insana peygamberdir denilemez. Böyle bir düşüncesi varsa namazlarını kaza edip tövbe-istiğfar etmesi lazım. Sonra o zat şu anda burada olsa bile bunu sağda solda işaa etmenin (yaymak) ne manası var?' dediler.

Bir gün Kardeş Apartmanında salonda oturuyoruz. Abdullah ağabey geldi. Daha oturur oturmaz hocama şunu sordu: Hocam bazı nur talebeleri Hüsrev ağabey için İsa Aleyhisselam diyorlar. Böyle diyenler mesul olmazlar mı? Hocam şöyle cevaplandırdı. 'Hüsna-ü zan edebilirler hüsn-ü zanlarında mazur olabilirler.' Abdullah ağabey hemen arkasından şunu söyledi: Hocam bazı kardeşler de sizin için aynı şeyi söylüyorlar deyince, Hocam oturduğu koltuktan kızarak kalktı ve yürürken şunları söyledi; 'Zaten ben İzmir'den gitmeyi düşünüyordum. Bu benim için iyi bir sebep oldu.' deyip odasına çekildi. İlhan ağabey ve birkaç kişi hocamın yanına gittiler. Daha sonra toplantı için ayrılırken İlhan ağabey sen gitme hoca efendi dönüşte seninle konuşacak dedi. Ben orada bekledim, gece saat 12'ye doğru geldiler. Hocamın odasına girdik, geç vakitlere kadar oturuldu ama bu mesele hiç açılmadı.

Bir gün hocamın kaldığı Mektupçu dershanesine gitmiştim. Ahmet Özer o zaman orada kalıyordu. Benim bu meselelerle ilgilendiğimi duymuş, o gece beni yatırmadı. Şu bildiğin şeyleri anlat bakalım dedi. O gece uyumadık, ben mevzuyu ona intikal ettirdim. Ben bu mevzuyu yarın hocama soracağım dedi. Ertesi gün hocama şöyle soruyor: Hocam, İsa Aleyhisselam nereye gelecek, biz onu görecek miyiz? Hocam da şöyle cevaplandırıyor: Mesela İzmir'e gelir, vazife yapar, gider, herkes onu bilmez ama senle ben göreceğiz'

Ahmet Özer, Kardeş apartmanında hocamla beraber kalırken onu çağırıyor: Kur'an-ı Kerim'deki şu ayetler ve şu hadisler bana bakıyor' diye gösteriyor.

Türkiye çapında imam, müezzin ve vaiz gibi diyanet vazifelerine hocamın bir sohbeti oluyor. O sohbette bir ara İsa Aleyhisselam ile ilgili konulara girdiğini ve bazı şeyler söylediğini M. Ali Hocam bize anlattı. Hocam şöyle demiş: İsa Aleyhisselam'ın 3 vasfı var. Birincisi vasfı vaiz olacak, diğer iki vasfı da bende mahfuz' diye buyurmuşlardır.

Edremit'te Kızılkeçili kampındayım. Hocam da Avcılar kampında kalıyorlardı. Cuma günü Edremit'te vaaza indik. Vaaz bittikten sonra tespihat yapıyordum. Caminin içinde fazla kimse kalmamıştı. Hocam da mihrapta oturuyordu. Camiye sakallı yaşlı bir zat girdi,

Hoca efendiye bir zarf uzattı. O anda benim kalbimden herhalde bu mektup bu mevzu ile alakalı bir mektup diye geçirdim. O anda hocam bana baktı. Daha sonra ben kampa gittim. Hocam mektubu okumuş. Mektup Mehmet Feyzi Kul ağabeyden geliyor. Mektupta 'Tabanca ve arkadaşları senin İsa Aleyhisselam olduğunu iddia *ediyorlar'* diye başlayarak menfi bir tarzda devam ediyormuş. Hocam Mehmet Kadan'ı çağırmış, ona mektupla ilgili şunları söylemiş; *'Herhalde mübarek Tabanca bu meselelerle ilgilenmeye devam ediyor. Zaten Mehdi'nin bazı talebeleri İsa Aleyhisselam'a karşı çıkacaklar'* Mehmet Kadan, Kızılkeçili kampına gelip bana bunları söyledi."

Şimdi Mehmet Tabanca'nın birinci elden anlattığı bu hatıralar sizde, Gülen'in kendisine isnat edilen Mesihlik yakıştırmasını kabul mü, ret mi ettiği kanaatini uyandırıyor? Mehmet Tabanca elli senedir bu iddiaların sahibidir ve halen de Hizmette aktif görev ifa etmektedir. Aleyhindeki en küçük tenkide tahammül edemeyen Gülen, görünürdeki kendi kabulüne istinaden söyleyecek olursak, böylesi büyük bir iftira ve bühtan karşısında niçin sessiz kalmakta, bir türlü caydırıcı tedbirlere başvurmamaktadır.

RİSALE-İ NURLARLA TANIŞMASI

Kendi anlatımlarına dayanarak söyleyecek olursak Gülen, Alvarlı Efe Hazretleri'nin vefatından sonraki bir süreçte, yaşça kendisinden büyük olmakla beraber aynı medresede beraber okuduğu Mehmet Kırkıncı'nın tavassut ve teklifiyle, Bediüzzaman Hazretlerinin görevlendirmesiyle Erzurum'a gelen Muzaffer Arslan'ın yaptığı Risale-i Nur dersine iştirak eder. Muzaffer Arslan'dan ve yaptığı dersten çok etkilenir; O Erzurum'da bulunduğu sürece de bu derslerin takipçisi olur. Fakat doğrudan Risale-i Nur talebeliğini benimseyişi bir müddet daha sonra gerçekleşir. Özellikle Edirne'ye gitmesine rast gelen yılda Risaleleri okuması çok sınırlı olmakla birlikte kendisini Nur talebesi olarak kabullenir. İslam'a hizmet adına başkaca bir alternatif olmadığına kanaat getirdikten sonra da başkaca arayışlarını sonlandırır ve Risale-i Nur tarzında hizmet etmekte karar kılar.

Fakat Gülen, o yıllarda hayatta olmasına rağmen Bediüzzaman Hazretleriyle görüşmeyi denemez, deneyemez. Kendisi bu engelin bir türlü içinden atamadığı ırkçı düşüncenin olduğunu söyler. Yani Bediüzzaman Hazretlerinin Kürt olmasını problem yapar. Şöyle demektedir:

"O zaman çevrem Turancı. Menfi milliyetçilik hissi ağır basıyor. Ara sıra içimden keşke Üstat Anadolu'da neşet etseydi de ekrad içinde doğmasaydı diye geçerdi. Belki diyorum bu his olmasaydı Kafdağı bile olsa yarar geçer, Isparta'ya ulaşır, Üstadı ziyaret ederdim. Belki de bu his mani oldu."

Irkçılık, İslam'ın temel prensipleriyle ret edilmiş bir cahiliye adetidir. Arap'ın, Arap olmayana, Arap olmayanın Arap olana hiçbir üstünlüğü yoktur; üstünlük ancak takva iledir. Kaldı ki Gülen'in kendisi de ataları Ahlat'tan yani Bitlis yöresinden Erzurum'a geldiklerine göre şarklıdır. Eğer, gerçekten Gülen'in Bediüzzamanı ziyaretini engelleyen sebep ırkçılık ise, bu ancak onun aşırı derecede yaşadığı bir komplekse verilebilir. Bu komplekstir ki, onu daha sonraki yaşantısında da çok ciddi bir Kürt düşmanlığına sevk etmiştir. Bu durum psikolojik bir marazdır.

Nitekim Gülen, Cemaatin teşkilat yapısında, üst seviyedeki idareci kadroya kesinlikle Kürt olanları dahil etmemiş, onlardan en çok takdir ettiklerini bile sürekli daha aşağıdaki kadrolarda tutmaya özen göstermiştir.

Buna ilave olarak, Gülen'in Bediüzzamanı ziyarete gitmeyişine ben bir başka anlam daha yüklemek durumundayım: Gülen, bir veli kabul ettiği Bediüzzaman'ın onu gördüğünde içini, kalbinden geçenleri okumasından ve onu ret etmesinden korkmuş; onun için de Bediüzzaman'la yüz yüze gelmekten kaçınmıştır.

Nitekim, kendisine Kastamonu'da bulunan ve veli bir kul olduğu herkesçe müsellem Mehmet Feyzi ağabeyi niçin hiç ziyaret etmediğini sorduğumda o bana yukarıda söylediğim gerekçeyi ifade etmiştir. Bu konu önemlidir; çünkü bazı takipçileri Gülen'in bu görüşmeme olayına hiç akla hayale gelmemesi gereken misyon anlamları yüklemişlerdir. Onlara göre, eğer Gülen, Bediüzzaman Hazretlerini ziyarete gitseydi; Üstat onun vazifeli kişi olduğunu anlayacak ve namazda imamlığa onu geçirecekti; Gülen de edebinden dolayı bu teklifi kabul etmeyecek ve bu da görev bağlamında karışıklığa sebebiyet verecekti.

GÜLEN'İN KENDİ CEMAATİNİ KURMA TEŞEBBÜSÜ

Bediüzzaman Hazretleri'nin başlattığı hizmet, cemaatten çok, bir harekettir. Hiyerarşik bir yapı ve bu arada zamanla artan dikey statüler yoktur. Herkes gaye ve hedefe odaklanmıştır. Kişiler arası irtibatı temin ve tesis eden ulvi mefkure birliğidir, maksat birlikteliğidir. Bediüzzaman bu birlikteliğin çerçevesini bütün bir ümmet birlikteliği olarak yorumlamaktadır. Birimiz şarkta, birimiz garpta, birimiz kuzeyde, birimiz güneyde, birimiz dünyada birimiz ahirette de olsak biz birbirimizle beraberiz ifadesi, aslında fiziki boyutların ötesinde bir coğrafya çizmektedir. İttifakı da o maksatta ihtilaf etmemek olarak kabul eder. Dolayısıyla, Bediüzzaman, bugün pratikte görülen şekliyle bir cemaat oluşumundan, bir cemiyet teşkilatlanmasından uzak durmuştur. Böylece de alemşümul bir davayı dar bir çerçeveye hapsetmekten kurtarmayı hedeflemiştir.

Bediüzzaman Hazretleri'nin vefatından sonra, yakın talebeleri hizmet hareketini meşveretle sürdürmeyi yeğlemişler, kendi aralarında kurdukları bir üst heyetle (Ağabeyler) hizmetlerini deruhteye çalışmışlardır. Daha sonra, bazı mizaç farklılıkları sebebiyle bu abiler arasında da temelde aynı olsa da yorumlarda farklılıklar baş göstermiş ve daha Bediüzzaman'ın vefatından on sene bile geçmeden çeşitli fraksiyonlar oluşmuştur. Sonraları sayıları daha da artacak olan fraksiyonlar, işin başında ikiye indirgenebilir. Birincisi bütüne yakınını temsil eden "okuyucular" grubudur ki, Risalelerin Latince harflerle basımını makul kabul eden ve bu harflerle basılmış Risaleleri okuyan gruptur.

Bunlar, Risalelerin bütününün Bediüzzaman Hazretleri zamanında Latince harflerle basıldığını kendilerine referans kabul eder; böylesi basılmış Risalelerin okunmasının meşruiyetini ileri sürerler. İkinci gurup ise "Yazıcılar"dır.

Üstadın ilk talebelerinden olan Hüsrev Altınbaşak'ın kanaat önderliğini yaptığı bu grup ise, Bediüzzaman'ın Latin harflerle Risalelerin yazılmasına verdiği ruhsatı bir içtihat hatası olarak görürler. Risalelerin ilk dönemlerde olduğu gibi yine Kur'an alfabesiyle yazılması gerektiğini savunurlar; Latin harfleriyle yazılmış Risalelerin okunmasını ret ederler. Bir de Bediüzzaman Hazretleri'nin halefi hususunda görüş ayrılıkları vardır. Onlar, kesinlikle Bediüzzaman'dan sonra gelecek şahsın Hüsrev Altınbaşak olduğuna inanırlar. Bu sebeple de ona, Ağabey değil, ikinci üstat anlamında Üstat-ı Sani derler.

Gülen Cemaati denilen oluşum, 1972'de okuyucu adı verilen grubun bünyesinden koparak başladı. Gülen, 1968- 69- 70 yıllarında İzmir'in Buca ilçesinde, Kaynaklar Köyü yakınında kurduğu kamplarla evvela bu kopuş sonrasının şartlarını hazırladı; kendi öğrencileri denebilecek kişileri yine Nurlar yoluyla eğitti. Fakat bu jenerasyon diğer Nur talebelerinden farklı olarak Bediüzzamanı ve eserlerini Gülen vasıtasıyla ve dolaylı olarak tanıdı. Gülen neyi ve ne ölçüde öğretmek istediyse bizler o kadarını öğrendik, o kadarıyla yetinmiş olduk. Bu yetişme tarzı sebebiyle de Gülen'in Bediüzzaman'a ve onun prensiplerine yaptığı muhalefeti, bizim de hazmedeceğimiz yoğunluktaki aykırılıklarını o dönemde okuyamadık. Zaten yaş itibariyle de böyle bir okumayı yapabilmemizin imkanı yoktu.

Bu eksikliklerden en önemlisi, O'nun Bediüzzaman'ın ısrarla korumaya çalıştığı kardeşlik düsturunu aşındırmasıydı. Önce kendisine sonra da ilklere ve arkalarından gelenlere verilen hiyerarşik statü, haklar bağlamında herkesi bir biriyle eşitleyen kardeşlik prensibine tamamen zıt bir durumdu; fakat tedricilik prensibiyle hareket edildiğinden dolayı, herkes bu zıt duruma zamanla uyum gösterdi. Bir müddet sonra da aksi duruşun varlığını bile unuttu; sanki bu konuda esas doğru Gülen'in teklifleridir, diye kabullenir oldu.

CEMAATİN ORGANİZASYON YAPISI

Bediüzzaman Hazretleri, başlattığı hareketin bireyler arası ilişkilerini şu ölümsüz ifadelerle prensibe bağlamıştır: "Zaten mesleğimizin esası uhuvvettir/ kardeşliktir. Peder ile evlat, şeyh ile mürit mabeynindeki vasıta değildir. Belki hakiki kardeşlik vasıtalarıdır.

Mesleğimiz "Haliliye" (Hz. İbrahim'in yolu) olduğu gibi meşrebimiz "hıllettir/ dostluktur." Hıllet ise, en yakın dost ve en fedakar arkadaş ve en güzel takdir edici yoldaş ve en civanmert kardeş olmayı iktiza eder."

Nur Hareketi, statik ve merkeziyetçi bir çalışmayı öngörmez; dinamik ve mobil çalışmaları tercih eder. Bu sebeple de dünyanın neresinde olursa olsun, mevcut Nur prensiplerine uyum şartıyla herkes bu çalışmanın bir aktif üyesi ve başlatıcısı olabilir; bu bağlamda da kimseden icazet ve olur almaya ihtiyaç duymaz.

Gülen'in uygulamaları ise, Nur hareketi modelinden çok farklıdır; hatta bazı uygulamalar, Nur hareketinin temel disiplinleriyle de çatışır haldedir.

Bu bağlamda Cemaatin genel yapılanması analiz edildiğinde söz konusu farklılıklar ve tezatlar kendiliğinden ortaya çıkmış olur. Şöyle ki:

Cemaatin üzerinde kurgulanan model şematik olmaktan çok kaotiktir. Kaotik model bir liderin inisiyatiflerini kullanmada keyfiliğe daha müsaittir. Liderler flu'luğu severler. Şeffaflık onlar için bağlayıcı bir pozisyona düşmek anlamına gelir. Bu bağlamda Gülen'in de böylesi bir yapıya meyletmesi beklenen bir durumdur. Kaotik yapı hasım güçleri oyalama, ummadıkları yerlerden vurma adına da önemlidir. Bir de meselenin deşifre olmama tarafı vardır ki, her halde en önemli yanı da budur.

Ben, bugün itibariyle Cemaatin tekevvün evrelerine baktığımda, hem hiyerarşik yapılanmanın hem de ihdas edilen statülerin ve bütün bunların zamana bağlı olarak gelişmesinin sadece Gülen'e izafe edilemeyecek kadar profesyonelce yapıldığını görüyorum. Risale-i Nur geleneğinde hiç olamayan bu yapı tarzı ve cemaat modeli aynı gelenekten geldiği iddia edilen kişi veya kişiler tarafından gerçekleştirilemez.

Kurumsallaşmaların en küçük birimi evlerdir. Her eve bir imam nezaret eder. Her imamın aynı zamanda bir de yardımcısı vardır. Birkaç evden sorumlu kişi kendisine bağlı ev imamlarını yönetir. Ona da semt imamı denir. Semt imamları bölge imamına; bölge imamları ise belde imamlarına doğrudan bağlanırlar. Belde imamları vilayet imamının emrinde çalışırlar. Türkiye yedi bölge olarak düşünülürse -ki bu taksim her zaman değişebilir, bazen yediden fazla, bazen daha az olabilir- her vilayet imamı kendi bölgesinin imamına bağlıdır. Fakat bu bağlılık şekli şematiktir. Gülen'e bağlanma bakımından bu vilayet imamlarının her biri de doğrudan Gülen'e ayrıca bağlıdır. Hatta bazı vilayet imamları bulunduğu yerin stratejik durumuna göre Gülen'e kendi bölge imamından daha yakındır; emri doğrudan ondan alır; fakat bu durum bölge imamına ya hiç söylenmez; ya da bölge imamı kendini aşan bazı durumlardan şikayetçi hale gelirse bu ona tasrih edilmeden ihsas ettirilir. Konuya göre taksim de yine yapının içinde ayrı bir boyut teşkil eder.

Askeri hizmet yapanlar, polis hizmeti yapanlar, bürokrat hizmeti yapanlar ve bunların kendi içlerindeki türevleri, kendi içlerinde bir hiyerarşik yapıya sahiptirler; bu tür yapılanmaları ise ne belde, ne vilayet ne de bölge imamları bilmez. Bunlar kendi içinde ünite ünite bölünerek, her birimi küçükten büyüğe, azdan çoğa giden bir yöntemle bir sorumlu idare eder.

Bu sorumlular sonuçta en üst sorumlularına bağlanırlar; fakat Gülen'e bağlanmada da yine bu hiyerarşik yapının bir önemi yoktur. Yakınlıkta bir alttaki bir üstekinden Gülen'e daha yakın olabilir.

Burada bir de, her ünite sorumlusunun kendi elemanlarından biriyle denetlendiği gerçeğini de söylememiz gerekir. Bir bakıma Gülen'in özel istihbaratına bağlı bu kişilerin kimliğini ise Gülen'den başkasının bilmesi imkansızdır. Gülen özellikle üst düzey yöneticiler arasında görünürde bir alternatif kullanır; fakat bu alternatif işin aldatmacasıdır, her üst düzey yöneticinin dikkati bu alternatife çekilir; bunlar arasında Gülen'e yakın olmada bir rekabet, bir yarış ortamı oluşturulur. Bir de her üst düzey yöneticinin bilmediği ve dikkatli değilse asla bilemeyeceği bir antisi vardır. Gülen esasen bütün yapıyı görünenler yanında bu görünmeyen, bilinmeyen antileriyle dengeler, sevk ve idare eder. Mesela, bana rakip yaptığı kişi Abdullah Aymaz, anti olarak kullandığı ise Ahmet Kurucan'dı.

Gülen hiç kimseyi verdiği payede emin hale getirmez. Ve hiçbir zaman bir kişinin konumunun teamüllere bağlı bir yükselişi yoktur. Bu inisiyatif tamamen Gülen'in elindedir ve hiçbir üst düzey yöneticinin bunda istisnası söz konusu değildir. Yeri, konumu, durumu garantili tek kişi vardır; o da Gülen'in kendisidir. Cemaatin genelinde uhuvvet, kardeşlik gibi argümanlardan bahsedilse bile, Gülen'in üst düzey yöneticiler arasında uyguladığı bir taktik de onları birbirine düşman hale getirme taktiğidir. Onlar birbiriyle boğuşup didişirken, her biri Gülen'e yakın olmak uğruna yekdiğerinin açıklarını ortaya döker; bu da Gülen'in karşısında alternatif güçlü bir kişinin olmasını, varsa da ayakta kalmasını engeller.

Gülen, Türkiye içinde kurduğu kaotik yapılanma modelini, yurt dışı hizmetleri kendi seyri içinde tekevvün ettikçe hem yerelde hem de genelde buralarda da tatbik etmiştir. Elbette bu arada Cemaat yapısının kaç boyutlu bir boğuma dönüştüğünü Gülen'den başka hiç kimse bilmemektedir. Fiili durum bu olmakla beraber, bu kurgunun salt Gülen'den çıktığını düşünmek fazlaca hayalperestlik olur.

GÜLEN BİR PROJE MİDİR?

Bu soruya net cevap vermek açısından, onun askerlikle ilgili anlattığı hatıralarını geri sarıp yeniden dinlememiz gerekiyor. Eğer bu dinlediklerimiz bizde Gülen'in daha o dönemde bir proje olduğu kanaati hasıl ederse, vereceğimiz hüküm de öyle olacaktır. Eğer bizdeki kanaat bu hükmü vermemize yeterli delil teşkil etmezse, cemaatin işin başında olmasa bile daha sonra başkalarının kontrolüne geçtiğini ve kendi çıkarlarına hizmet eden bir proje haline getirildiğini söyleyeceğiz. Gülen diyor ki:

"Mamak bir garip yerdir. 1.Tabur 1.muharebe bölüğü... Benden iki yaş büyük amcam da orada askerlik yapmış. Teslim olmam gereken günden 6 gün sonra gelip buraya teslim oldum. Tarih 9 veya 10 Kasım olabilir. Bölümlere ayırmayı hangi kıstaslara göre yaptıklarını pek hatırlamıyorum. Fakat genelde "Ne okudun? Ne ettin?" gibi sorular soruyorlardı.

Üsteğmen Mehmet Özmutlu'yu Salih Özcan vesilesiyle tanıyordum. Bölük komutanımız Yılmaz bey de O'nun Harbiye'den sınıf arkadaşı.

Beni ona lanse etti, gözün gibi koruyacaksın, dedi. Bir de Lütfü Albay var. Kurmay Başkanı da Reşat Taylan. Ona da Edirne'den bir tanıdığından badem ezmesi getirmiştim. Beni çok severdi. Allah'ın inayetiyle böylece korumaya alındım. O sene çok kar yağdı. Acemiliğin ilk dört aylık döneminde Mamak'tayız. Kasım'da teslim olmuştuk. Arkadan Aralık ayı geldi. Ve Talat Aydemir hadiseleri oldu.

4 aylık temel eğitimi bitirince ilk dağıtım oluyor. Bir de yüksek sürate ayırdıkları oluyor. Meğer Özmutlu'nun telkinleri ile bizim komutan da beni yüksek sürate ayırmayı düşünmüş. Telsizci olursam rahat ederim diye. Zaten imtihanda kendim de kazanmıştım. 3 kadar subay vardı. Benden evvel imtihan olanlara Mercidabık, Ridaniye savaşları kimler arasında oldu, gibi sorular sordular. Onlar bilemediler. Bana sorduklarında ben bilince "Tamam bu" dediler. Böylece yüksek sürate yazıldık. Herhalde biraz bilen birini arıyorlardı. Halbuki benim daha önce arz ettiğim gibi başka hayallerim vardı. Fakat tahakkuk etmedi. 4 ay yüksek süratte kaldık. İşin doğrusu vuruşum iyi değildi. Alışım iyiydi hatta sivilde en iyi seviyede olanlarla beraber alırdım da morsa vurmaya parmaklarım pek müsait değildi.

Ankara'da 8 ay kalmış oldum. Kura çektim Erzurum çıktı. Memleketim olduğu için kabul etmediler. Bir daha çektim. Yine Erzurum çıktı. "Hoca olmaz" dediler. Bir daha çektim bu sefer Diyarbakır çıktı. "Şimdi de gadir oldu" dediler. Bir daha çektim. İskenderun çıktı. "Yaşadın Hoca" dediler.

İskenderun'da gider gitmez askeri çevrelerin fazla ters olmamasından faydalanarak sivilden bazı kimselerle tanışma imkanı oldu. Komutanlarla umumiyetle aram iyiydi. Bir Arif (Teker) başçavuş vardı. O'nun büyük himayesi oldu. Beni haber merkezine almıştı. Beni himaye etti. Müstakil, koğuşta kalmama gerek kalmayacak şekilde arabanın içinde kalma imkanı hazırladı. Arabanın içi o güne göre en modern telsiz cihazlarıyla donatılmış. İçinde de bir kişi yatacak kadar yer var.

İlk önce 1-2 ay kadar normal askerler gibi muamele ettiler. Nöbet tuttum. Biz oraya onbaşı olarak gitmiştik. Normal nöbet çavuşluğu da yapıyorduk. Fakat beceremediğimi anladılar, ne tekmil vermesini, ne de millete iş gördürmesini beceremedim. Bölüğün nöbetini ayarlarken gülünç duruma düştüğüm oluyordu.

Adam bulamayınca silahı alıp kendim nöbet tuttuğum oluyordu. Yemek getirtirken adam bulamayınca, kendim bakracın yanından tutardım. Ve bunu subaylardan da her defasında gören oldu. Yadırgadılar. Sonra da kayırıldım. Arabanın içine alınınca içtimadan, koğuşta yatıp kalkmadan kurtuldum.

Başçavuş Arif Teker çok kültürlü bir insandı. Ben garbı okumayı ondan öğrendim. Russo'yu, doğudan Hafız'ı, Sadi'yi bana o tanıttı. Her Cuma beni götürür vaaz ettirirdi. Ben arabanın içinde saçlı başlı yatıyorum. Bölük komutanı geldi, hoca içtimaya, dedi. İçtimaya da çıkmıyorum. O'na haber veriyorlar. Biraz sonra yanıma geldi, herife yalattım adınızı, duanıza vesile olur inşallah, dedi. Sonra tayini İstanbul'a çıktı. Boynuma sarıldı, hıçkıra hıçkıra ağladı. Ben gidiyorum, bu adamlar sana kötülük yaparlar, dedi.

Askerliğimi bitirdikten sonra da kendisiyle çok görüştüm. Beni evinde misafir etti. İstihbaratla da irtibatlıydı. Bazen gelir, sizinle ilgili şunlar şunlar var, diyerek beni bilgilendirirdi. Bana çok itimadı vardı.

Bir gün, gözlerinde sarılık var, dediler. Doktora gittim. Bünyesinde bir şey yok, deyip gönderdi. Bir kaç gün iyice her tarafımı sarılık sarınca bu defa yine gittim. Aman çok tehlikeli, deyip hastaneye sevk etti. Gününü hatırlayamamakla beraber bir hayli yattım. Benimle beraber birkaç asker daha yatıyordu. İstanbul'daki Albay Necdet Bey o dönemde o hastanede göz doktoruydu. Zaten kendisi denizciydi. Onu daha evvelden tanıyordum.

Çıkınca üç ay hava değişimi verdiler. Erzurum'a gittim. 3 ay orada kaldım. Üç aydan sonra sevk etmeleri için şubeye gittim. Gitme, bekle, biz ne zaman sevk edersek o zaman gidersin, dediler. Zannediyorum 20 veya 30 gün de öyle geçti. Hepsi askerliğimden sayıldı o günlerin.

Erzurum'da kaldığım dönemde Ramazan'a rastladığı için vaaz ediyordum. Hilaf-i vaki olmasın sinemada İslam'ın doğuşu veya buna benzer bir şey oynatıyorlar. Afişlerde gözüme çarptığı kadarıyla Hadi Hün diye biri de vardı. Bir zamanlar Nazım Hikmet'in affını 100 münevver istemişti. Bunların arasında Halide Edip, Hadi Hün de vardı. Oradan aklımda kalmış bu isim. Bir komünistin affını isteme, nazarımızda onun da komünist olduğunun delili olarak yetiyordu. O isimleri görünce hafakanım kabardı. Adamlar sahabeyi temsil etmeye kalkışmışlar. Eşya misliyle temsil edilir. Bir kafir sahabeyi temsil edemez. Rezil bir kadın da Hz. Ayşe validemiz gibi insanlığın medar-ı iftiharı bir kadını canlandırıyordu. Böyle bir alüfteyle nasıl temsil edilir. Bir iki defa Cedit camiinde dile getirdim. İkindileri orada vaaz ediyordum. Bir haftalık belki de daha fazla biletler de satılmış. Erzurum'da iki sinema var. Milletin bütün eğlence yeri de orası. Ramazan olduğu için iftardan sonra oynayacak. Millet de iki sevap diye gidecek, o filmi seyredecekler. O gün biraz duygulu konuştum. Çok doldum, kürsüde ağladım.

Ramazanda ikindide, yazıklar olsun, sizin dininizle, peygamberinizle, diyanetinizle alay edecekler, aziz ruhları terzil edecekler, siz Müslüman geçineceksiniz, sonra gelip burada oturacaksınız, dedim. Cemaat birden ayağa kalktı. Tahrik etmiş olma endişesiyle "Yok hayır! Bizim böyle huzursuzlukla, anarşiyle alakamız yoktur, bunları başka yollarla halletmek lazım" dediysem de cemaat sokağa döküldü. Yolda başkaları da iltihak etmiş. Filmi müftü efendi de sansürden geçirmişler. Mahzuru olmadığını söylemiş müftü. Vali de kabul etmiş. Ama millet gitti bir kere. Sinemanın önüne kadar gidiyorlar. Bu o gün Erzurum meselesi oluyor. Ben de indim sessizce eve geldim.

Daha sonra biraderlerin anlattığına göre, Erzurum'da meşhur Dersim Ahmet vardı, kırk kişinin içine girer; aynı judocular gibi yirmi-otuzunun ağzını, burnunu darmadağın eder çıkardı. Boylu poslu, iri kemikli, oldukça yakışıklı, ayakkabılarının arkalarına basar, paltosu omuzlarında biriydi. Ramazan'da camiye de gelirdi. Beni o sene dinlemişti. Kabadayı ama dine inancı iyiydi. Erzurum'da o zaman iki-üç tane daha bu tip adamlardan vardı. Bir de bunun benzeri Kanlı Fuat vardı. Akıllı biriydi de. Bir gün vaazda: "Ahmet'i, Mehmet'i, Mustafa'sı bizi aldatabilir. Deccal bunlardan biri olabilir' gibi bir şey dedim. Sonra dışarı çıktık. Yanıma gelerek "Bence, insanın konuştuğu şeyler kabul görüyorsa bunları söylemenin bir manası yok, faydası da yok bunların" demişti. Meşhur kabadayı... Şehre tek başına kafa tutan adamlardı bunlar... Bazısı O'nun içtiğini de söylerdi. İşte bu sinemanın önünden geçerken bir curcuna görüyor. Makina dairesine girip makinayı parçalamış millet ve sinemacı ne yapacağını bilemiyor. "Müftü fetva verdi, vali izin verdi, sansürden geçti bu. Hoca niye böyle söylüyor" diye yakınsalar da nafile. Kanlı Fuat: "Ne olmuş burada" deyince sinemacı: "Fuat Ağabey! Hoca şöyle böyle demiş. Filmde esasen bir şey yok. Sinemayı tahrip ettiler" diyor. Bunun üzerine Kanlı Fuat: "Hoca demişse doğrudur" diyerek açılıyor buna bir yumruk, adam iki seksen uzanıyor oraya. O filmi zannediyorum o sene oynatmadılar. Bayağı mevzu olmuştu. Hadiseden dolayı üç-beş insan ön ayak oldular diye iftar vakti içeri almışlar. Millet evine iftara gitmiyor, karakolun önünde bekliyorlar. Onları alıp öyle gidiyorlar. Sanki bir halk ayaklanması gibi olmuş.

Hatta o kadar ki ertesi sene ben geldiğimde Sakıp Efendi evvelki sene seve seve vaaz ettirdiği halde "Bu sene ben Fethullah'a vaaz ettirmem, hadise çıkarttırıyor" dedi. Beni de Erzurum'da Edirneli Hoca diye tanıyorlar, Edirneli asker. Cumhuriyet caddesinde müftülüğün önünde yürüyüş yapmışlar. Ben görmedim. "Edirneli Hoca'ya vaaz ettirmeyecek adamı göremiyoruz biz" diyorlar. O sene ben yine vaaz ettim.

Hava değişimi için geldiğim dönemdeki bir hatıram da şudur: Halkevinden bazı kimselerle tanışıyordum. Oraya gidip geliyordum. Güzel çalışmalar yapıyorlardı. Halk partisi döneminde halk parti zihniyetine hizmet eden bir irfan yuvası. Hem şarkı türkü dinler, hem de Allah'a inanırlardı. En az panteizme inanırlardı.

Bir iki tane de başları açık, başka şehirlere göre muhafazakar sayılabilecek, sadece başları açık, elbiseleri uzun kadınlar da vardı. Değişik türden geceler tertip ediliyordu. Bir defasında İbrahim Hakkı, bir defasında da Mevlana gecesi tertip edildi. Bir konuşma da bana verdiler. Zannediyorum Mevlana'nın Efendimiz (SAV)'e sünnetine bağlılık yönünü arz etmiştim. Birkaç Farsça şiirini okuyup tercüme de etmiştim. Benimki diğerlerine nazaran çok orijinal olmuştu. Ben irticali konuşuyordum, diğerleri kağıttan okuyorlardı. Genç olup böyle konuşmam dikkat çekti. Üniversiteden insanlar vardı. Yüksek seviyeli subaylar vardı. Çok dikkatlerini çekti. Daha sonra da Halkevi idare kurulunda seçim oldu. En gençleri olduğum için beni haysiyet divanına seçmişlerdi.

Yine hava değişimi için Erzurum'a geldiğim dönemde, gazetelerden İzmir'de Komünizmle Mücadele Derneği'nin varlığını duyup öğrenmiştim. Hatta bu derneğin sadece İzmir'de faal olduğu da söyleniyordu. Biz de, Erzurum'da böyle bir şey yapmaya karar verdik. Ali isminde birini İzmir'e gönderip komünizmle mücadele derneği kurmak için tüzük getirttim. Cami de bunu anons ettim. Bir hayli genç geldi. Caferiye camiinin yanında elan hafız yetiştiren bir medrese vardı. Orada toplandık. Teyzemin damadı olan biraz cemiyet, dernek bilen birisi "Bu böyle olmaz. Bu toplantı ve yürüyüş kanuna aykırı. Bu kadar insan burada toplanamaz." dedi. Tabi biz kanun filan bilmiyoruz. Böyle bir teşebbüsüm olmuştu. Bu türlü şeylerle meşgalemi çok bulmuştu Kırkıncı ve arkadaşları. Çok rahatsız oldular. "Bu komünizm ile mücadele de nereden çıktı? Nurları oku. Bundan iyi mücadele olmaz" dediler. Bu doğru da olabilir. "Bizde dernek yok, vakıf yok. Bir alternatif olarak da yok" dediler. Fakat neden sonra onlara o düşünce verilmiş olacak ki o zaman yapmadıkları şeyi İzmir'e geldiğim yıl veya daha gelmeden orada Komünizmle Mücadeleyi kurdular. İçlerinde rahmetli Mustafa Polat da vardı. Şimdi profesör olan Celalettin Atamanalp; "Biz meğer ne kadar geri kalmışız bu meselelerde. Aklımız ermemiş. Oysa vakıf, dernek hepsi de lazımmış, alternatif bunlar" demişti. Daha sonra, İzmir'de yapılan seçimlere iştirak ettiler. Profesör Saffet Solak ve Burkay Kaynak idare heyetine bizim ağırlığımızla seçilmişti. Ben de orada seçiciler arasında bulunuyordum. Erzurum beni üye göstermişti. Bu dönem içinde sağa sola da gittim. Mesela Bekir Bey (Berk)'in bir davası olursa bazen refakat ederdim. Hatta Erzincan'a bile gittik.

Köyleri de dolaştık. Hasankale'de bir iki vaaz ettim. Alvar'a da gittim. Orada da vaaz ettim.

Duyduğuma göre Seyfettin Efendi biraz rahatsız olmuş. Hatta biz O'nu da ziyarete gittiğimizde bize Mehdiden filan bahsetti. Üstadın mehdi olmayacağını kastediyordu. Ben de o sene Erzurum'da camide O'nun mehdi olabileceğini anlatmıştım.

Yine son Ramazan'da deccalı anlattım. Halk yırtılırcasına heyecanla dinledi. Ramazan'ın sonuna kadar deccalı anlatacağım diye anons etmiştim. Hapis önemli değildi benim için. Ramazan'ın içinde eğer böyle vaaz edersem tutar içeri atarlar da bunları anlatamam diye düşünüyordum. Bu sebepten Ramazan'ın yarısından sonra "Size en son deccalı anlatacağım" dedim. O gün geldi çattı. Cami tıklım tıklımdı. Herkes dizlerinin üstünde zor duruyor. O zamanlardan aklımda kaldığına göre; bir hadiste deccal çıktığında başında bir duman olacak ifadesi o kadar bizim camiada yaygın hale geldi ki, o mevzuya şöyle bir yorum getirdim: "Bu şu demektir: Ülke karanlıkta kara günlerini yaşarken dört bir yandan kolu kanadı kırılmışken, tam bir ışık, bir fereç, bir mahreç beklerken, kara ruhlu bir tanesi kara bir denizde, kara bir vapura binerek, karaya ayak basarak, kara ruhluluğunu gösteren, kara ruhlu bir adam.

Artık nasıl geldiyse, mitingde nasıl milleti bir heyecan tutar, aynen O'nun gibi bir heyecan tuttu cemaati. Böyle açık vazıh söylememe rağmen adama olan hıncımdan tam diyemedim diye içim içimi yedi. Bari onu da diyeyim diyerek bazı şeyler daha söyledim. Sonra bir oh çektim. Bunları da demiştim ya vicdanım rahatlamıştı. "İşte bunun *karşısında da şu zat var"* diyerek Şuaları elime aldım ve bir tek gayem vardır diye okumaya başladım. Halkın heyecanı dorukta, meğer istihbarattan gelmiş, kürsüyü sarmışlar, baştan beri dinliyorlarmış. Deccaldan bahsedeceğimi duydukları için o şahıstan bahsedecek o mesele üzerinde duracak diye gelmişler. Mutlak zikir kemaline masruftur. Neyse ben indim, gittim, hiçbir şey olmadı. Ertesi gün yine gelip vaaz ettim yine bir şey olmadı.

Sonradan öğrendik ki emniyete: "Bu adamı niçin tevkif etmiyorsunuz, böyle konuşturuyorsunuz?" demişler. "Tasrih etmedi. Delil kifayetsizliği var" demişler, tevkif etmediler. Hatta istintak bile etmediler. Çok enteresandır.

O heyecanımı frenleyemediğim günlerde defalarca kürsüde: "Cem-i nefir zamanıdır, herkesin cihat yapması farz-ı ayındır. Çünkü devletin dini yoktur. Devlet laiktir, laiklik dinsizlik demektir" diyordum. Benim için hiç tahkikat açmadılar. Halbuki o günlerde gazetelerde okuduğuma göre İzmir Müftüsü Celal Yıldırım devlet dindardır, devletin dini Müslümanlıktır dediğinden dolayı hakkında tahkikat açılmıştır. Enteresan...

Ve tekrar İskenderun'a döndüm. Bir hafta kadar teslim olmadım. Bu arada dışarda vaaz ettim. Sonra gidip teslim oldum. Ondan sonra arızasız her Cuma İskenderun'da merkez camiinde vaaz etmeye başladım. O zamanlar vaaz-u nasihat de çok orijinaldi. Hele oralarda vaiz hiç yok gibi bir şey. Vaaz ederken bizim arkadaşlar duyuruyorlardı. Tanıdık üç- beş insan vardı.

Mesela Vahdettin Karaçorlu, kütüphane memuruydu. Talat Aydemir hadisesiyle ordudan atılmış bir teğmen. Soyadını hatırlayamadığım dershaneye devam eden Osman diye birini tanımıştım. Yine şu anda Haseki'de Doçent olan Tayyar Bey ortaokul talebesiydi. O'nun ağabeyi Mustafa ve kardeşi Haydar kışlaya da gelirler, ziyaret ederlerdi. Ben de analarını anam bilerek onların evlerine gelip gidiyordum. Öyle bir yakınlık oldu. Babaları astsubaydı.

Vaaz ettiğim caminin önünden bir cadde geçiyordu. Cuma günleri o cadde tıkanır, vasıta girmezdi. Vaaza çok alaka gösterirlerdi. Ben de bazen bir mevzuyu, mesela ilim anlatırken 3-4 fasılda anlatırdım. Beni arkadan koruyup kollayanlar vardı tümende. Hem de muhabere okulunda. Zamanla o takviye edici şeyler zayıfladı. Sonbahara yani Kasım ayında terhis olacaktım. Yine yaz günlerinde 1-2 defa istemediğim halde sert vaaz ettim. Bu sert vaazları Arif Başçavuş da sezdi. Orada hiç temiz otel yoktu. Babam gelmişti beni görmeye ama yatıracak otel bulamadık. Hepsinde kadın vardı. Bunlar bana da dokunuyordu, terbiye anlayışıma da tersti.

"Bu nasıl Müslümanlık! Bu otellerin çerçevesini indirmek lazım" filan gibilerinden sert konuştum. Zaten kanunsuz vaaz ediyordum. Askerin cübbe giymesi yasakmış. Onu da bilmiyordum. Bilsem de yasak filan dinlediğim yoktu. Böyle bu kadar sert konuşmak da mahzurlu. "Devletin nizamı, kanunu, polisi var, polis yapmazsa bu vazifeyi kim yapacak" tarzında gayet sert konuştum. Sonra bana dediler ki: "Bir şeyler yap". Cemal Tural 2. Ordu komutanıydı ve biraz milliyetçi görünüyordu. Eşkıya hareketini adım, adım takip ediyordu. O zamanlar Barzani'nin resimleri vardı her yerde. Barzani hemen idareye vaziyet edecek gibi şayialar vardı şarkta.

Bana: "Bir iki kelime ondan senakarane bahsederseniz iyi olur. Biz daha sonra bunu kullanırız" dediler. Ben de hakikaten yumuşakça bahsettim: "Turan Paşamız milliyetçi diyorlar. Türk askeri milliyetçi olmayacak da ne olacak. Allah milliyetçilere uzun ömür versin" gibi şeyler dedim. O gün telsiz cihazına binerken ayağımı boşluğa atmışım. Römorkun üzerine düştüm ve kaburgalarım kırıldı. Bayılmışım. Ayıldığımda Arif başçavuşun dizinde başımı koymuş vaziyetteydim. Sonra: Siz ettiniz bunu bana. Allah razı değil. Bir zalimi bana peygamber kürsüsünden sena ettirdiniz, dedim. Elli gün kadar çektim bu rahatsızlığı. Bazen iniltim sebebiyle namazlarım bozuluyordu. Oturarak kılıyordum. Kaburga batınca rahatsız oluyordum. Biraz da hastanede yatırdılar. Hiçbir şey anlayamadılar. Sonra halk arasında kırıkçı-çıkıkçı denilen kimseler vardır. Ona götürdüler. Adam bir çekti kendimden geçtim. Bağladı. Senelerce sol tarafıma yatamadım. Sonra biraz kendime gelir gelmez yine vaazlara başladım. Meğerse askeriye iyice dolmuş. Beni takviye edenler de, destekçiler de yavaş yavaş dağıldılar. Bir gün çok da yumuşak konuşmuş, duygulanmış, hutbeyi de okumuştum. Hiç kimsenin rahatsız olmayacağı şeylerden bahsetmiştim.

Ama bir askerin izinsiz vaaz etmesi tevkif edilmesi için yetip artıyor bile. Eskiden söylediğim sözlerin de hepsini kaydetmişler. Çok kötü bir yarbay vardı. İnzibat subayıydı. Vaazdan sonra dışarıya çıktığımda caminin dört bir yanını eli silahlı askerlerin sarmış olduğunu gördüm. Sanki eşkıya evini basmış gibi. Caminin damına doğru merdiven vardı. Acaba oradan kaçsam mı diye düşündüm. Fakat vurmalarından endişelendim. Birliğin başında gelen komutanın yanına gidip selam çaktım ve teslim oldum. İyi bir insanmış. O gün kaçan başka adi suçlular da varmış. İnzibat merkezinde bir hücreye tıktılar. Sonra dinsiz, terbiyesiz merkez komutan geldi. Beni teslim alan subay hemen öne geçerek: "Efendim hemen geldi, selam çaktı ve teslim oldu" dedi. "Gelmeseydi bilmem neyini...." diye bir galiz küfür etti. Bu olay üzerine tavassut edenler oldu. Tavassut edenler oldu ki herhalde, ertesi gün beni bıraktılar. Birliğin önüne geldim. Tabur komutanı bir tokat aşk etti. Beni çok severdi. "Takip ediliyordun, ne diye gidiyorsun, biliyordun bunları" dedi. Ertesi günü-anlattıklarına göre- birliği toplamış, çocuk gibi hıçkıra hıçkıra ağlayarak: "Evladım gibi severim ve o şamarı evladıma vurur gibi vurdum" demiş.

Sarhoş bir yüzbaşımız vardı. Benim 1-2 maaşımı da alıp içkiye yatırmıştı. O gün tabi haber merkezi bizim elimizde olduğu için santralda da bizden arkadaşlar var. Dediler ki: Mahkeme, nasıl bir çocuk, diye sordu. Yüzbaşının ifadesi aynen şöyle: O bu birlikte ahlakıyla temayüz etmiş tek insandır, eşini göstermek mümkün değil. Bunlar hep müspet tesir etti. Kime sordularsa hep iyi dediler.

Benim gidip teslim olmam hadiseyi yatıştırmış. Yoksa bir Menemen hadisesinin olması işten bile değildi. Bazıları "Bu alçağı vurun, öldürün" diye bağırmışlar. Halk da bağırıp çağırınca hava oldukça gerginleşmiş. Olan Nihat Karakum'la, Vahdettin beye oldu. Alakalı olan ne kadar memur varsa hepsini işlerinden uzaklaştırdılar. O günkü gazeteler bunu haber yaptı.

Sabahleyin mahkemeye çağırdılar. Hakim binbaşı çok ağır laflar etti. Demediğini bırakmadı. "Ulan rütbelerini de takmamışsın, -halbuki o gün çamaşır yıkamıştım, bunları bile mesele yaptı- Bunlar askeri üniforma, baban vermedi ki onları, devlet verince sana bu vazifeyi yapman lazım. Ulan götür yatağını minarede ser yat bari. Ulan sen asker misin, ulan sen soytarı mısın" gibi çok galiz konuştu. Beni muhakeme ettikten sonra tevkif etti.

Tümen komutanı milliyetçi bir adam olduğu için Nihat Karakum bir kısım heyetle ona gidiyorlar. O'na diyorlar ki: "Efendim biz milletimizi sevmeyi, ülkemizi sevmeyi, tarihimizi sevmeyi bu arkadaşımızdan öğrendik. Bildiğiniz gibi değil bu".

Diğer taraftan, Arif Teker genelkurmaya direkt gidiyor. O zaman Necdet Bey'in kahramanlığını hiç unutamayacağım. Binbaşıymış. Ben O'nu Yarbay zannediyordum. Göz doktoruydu. Benimle görüşmek yasak olmasına rağmen tel örgüleri atlayarak resmi urbasıyla içeriye girdi. Boynuma sarıldı. Bu zat denizci olduğu için askerler rütbesini de karıştırıp: "Bu nasıl asker. Albaylar, paşalar onunla görüşüyorlar" deyip epey korkmuşlar. Sonradan öğrendiğime göre ifadesini almışlar. Daha sonra görüştüğümüzde anlatmıştı: "Sen nasıl olur gider bir erin yanına da ona sarılırsın?" demişler. O da: "O bir er değil, O başka bir adam. Ben O'nun ayaklarını bile öperim" demiş.

Umumi baskılar mahkeme üzerinde temerküz edince -ki tümen komutanı ağırlığını koymuş. Ankara'dan da madem milli bir çocuk ne diye bir meseleden dolayı eziyorsunuz, demişler- hiç beklemediğim halde mahkemede bana küfür yağdıran binbaşı elinde avukatların çantaları gibi bir çanta, daktilosu da yanında hapishaneye geldi.

Müdürün odasına aldılar beni. Zorla kendi yazdırdığı ifadeleri hep değiştirdi. Sonunda da: "Bundan böyle hapishaneye atılmayı gerektiren bir şey yok. Çıkarın, on gün disiplin cezası verip bırakın" dedi.

Daha sonra serbest bıraktılar. Dosyayı da kaldırdılar. Değişik suçlar vardı: Dini istismar, halkı heyecanlandırma, hadise çıkarma gibi.

İkinci bölüğün komutanı Mahmut Mardin vardı. Yüzbaşıydı. Sert birisiydi. Hiç yumuşak görünmezdi. Meğer hep vaazlara gelip dinliyormuş. Bana: "Hoca, askerliği bitirdin, gidiyorsun. Ben seni çok dinledim. Askerliğinin bitmesine 34 gün var. Ben şimdi seni salacağım, terhisini arkadan gönderirim" dedi. Bu adamdan bu hareketi hiç ümit etmezdim. 24 ay askerlik yapıldığı dönemde hava değişimi, hapishane, hastane filan bunları çıkarsanız belki 17 ay askerlik yapmışımdır. 34 gün evvelinden beni saldılar, arkadan da terhisimi gönderdiler."

Size de Gülen'in anlattığı bu askerlik maceraları dikkat çekici gelmiyor mu? Gizem, Edirne'den Ankara Mamak'taki bir komutana getirilen badem ezmesiyle başlıyor. Orada üst düzey askeri çevre tarafından himayeye alınıyor. Telsizci oluyor. Çektiği kuraların ilk üçü başka yere çıkmasına rağmen dördüncü kura çektiriliyor ve İskenderun'a gönderiliyor. Himaye orada da sürüyor. Sivil bir camide vaazlar verdiriliyor. İstihbaratçı Arif Başçavuş tarafından özel eğitime tabi tutuluyor. Bu esnada hava değişimi verilerek Erzurum'a gönderiliyor. Erzurum'da sinema baskını, deccalı anlatma gibi provokasyon denebilecek olaylara sebebiyet veriyor. Aynı dönemde Halk evine kabul ediliyor. Komünizmle Mücadele Derneği'nin kurulmasına öncülük ediyor. İskenderun'a dönüyor, orada da kışkırtıcı vaazlar veriyor. Tutuklanıyor, askeri mahkemeye çıkarılıyor, ceza alması beklenirken Ankara'dan gelen bir emirle o beraat ediyor; fakat onu kurtarmak için aracılık yapan iki devlet memuru, bir memur için en ağır ceza olan memuriyetten ihraç cezasına çarptırılıyor.

Gülen'in dediklerini aktarmaya devam ediyoruz:

"Edirne'den İzmir'e benim hakkımda dosya oldukça dolu gelmişti. Bir sene kadar takibata maruz kaldım. Fakat Allah'tan benim arkama taktıkları insan hem menşe itibariyle İHL orta kısımdan ayrılmış bir insan, hem de Erzurumlu çıkıyor. Hasan isminde birisi. Ara sıra bazen benimle görüşüyordu da senin için böyle yapıyorum demiyordu. Bu adam güzel bir rapor hazırlamış. Suretini diyanete göndermişler. Ben daha sonra Ankara'ya gittiğimde söylediler bana. Dosya valiye de gitmiş. Vali de tasdik etmiş onu. Ankara'ya Dahiliye Bakanlığı'na, bir de Diyanetten mesul Devlet Bakanlığı'na. Belki Adliye Vekaleti'ne, Emniyet Genel Müdürlüğü'ne de gitmiş o rapor. Çok müspetti."

Gülen'in bahsettiği rapora ben de ulaştım. Aynen yayınlıyorum.

T. C.
İZMİR VİLÂYETİ
EMNİYET MÜDÜRLÜĞÜ

Şb. I. C. I. No. : 3209
KONU : Vaiz Fetullah Gülen Hk.

GİZLİ

İZMİR
28 / 5 / 19 69

İÇİŞLERİ BAKANLIĞINA

İ L G İ : 16/5/1969 gün ve Em.Gn.Md.Şb.1.76623 sayılı yazıları.

Kütahya-Gediz İlçesi halkından Mehmet Karahan imzasiyle Milli Güvenlik kurulu Genel Sekreterliğine gönderilen ihbar mektubunda bahsolunan olaylarla ilgili altı şahıstan 1 nci maddede yazılı Vaiz FETULLAH GÜLEN ; Erzurum-Pasinler İlçesi halkından 1941 doğumlu, İlk Okul mezunu ve bekardır. Kırklareli Vaizi iken Yaşar Tunagür'ün tavassutu ile İlimize tayin edilmiş ve 1966 yılından beri İlimiz Merkez Vaizi olarak vazife görmektedir. Bakanlıklarına da sunulduğu anlaşılan Kırklareli Valiliğinin 25/3/1966 tarih ve Em.Şb.1.5351-12 sayılı yazısı üzerine o tarihten itibaren durum ve temasları kontrol altında tutulmaktadır. Kestane pazarındaki İmam-Hatip ve İlâhiyata öğrenci yetiştirme Derneğine ait Çamaşırhanenin yanında kendisine tahsis edilen bir odada yatıp kalkmakta olup mezkûr yurdun Müdürüdür. Memleketinde iken bazı Hocalardan öğrendiği dini bilgiler üzerine kendi kendini yetiştirmiştir. İslâmî eserlere ve bilhassa İslâm felsefesine düşkündür. Pekçok İslâmi eser okumuş, oldukça zeki ve sohbetinde bulunanları kolayca ikna edebilen bir kabiliyete sahiptir. Müdürü bulunduğu Kestane Pazarı Kur'an kursunda bazı derslere girdiği halde ücret almadığı gibi talebelere çıkan yemeklerden yemediği, talebenin hakkına tecavüz olur gereğiyle yiyecek, kullanacak vesair eşyalarına el sürmediği yolunda dürüstlüğünden bahsedilir. Ayrıca Kasaplardan alınan etleri de yemediği, hakkındaki müspet Propogandalardandır. Muhitinde çok dürüst, namuslu, iyi ahlâklı ve tam bir Müslüman olarak kabul edilir. 1967 yılında Hacca gitmiştir ve Cuma Namazlarında oradan satın aldığı beyaz bir cübbe giyer. Aşırı dindar ve çevreye çabuk intibak edebilen bir şahıs olması yanında Yaşar Tunagür sempatizanı olduğu bilinmektedir. Dini mevzuda bazı temaslarda bulunmak üzere Eskişehire gittiği anlaşılan adı geçenin, bölgede Nurcu olarak tanınan kişilerle teması olduğu biliniyorsa da şimdiye kadar nurculukla ilgili bir faaliyeti görülememiştir.

Emniyet Genel Md...

GİZLİ

Anlatılanlara ek olarak, konuyla ilgili bir not daha düşelim: Gazeteci Mahmut Övür'ün köşesindeki bir yazıda anlattığına göre 1970'li yılların başında Gülen, Aydın Bolak, Yaşar Tunagür ve dönemin MİT müsteşarı Fuat Doğu, Vehbi Koç'un Ankara'daki evinde bir öğle yemeğinde buluşmuş, özel bir görüşme yapmışlardır.

Gülen bu görüşmeyi hiçbir yerde, hiç kimseye açmamış; hep bir sır olarak saklamıştır. Eğer bu buluşmada, mahrem tutulması gereken şeyler konuşulmuş olmasaydı, Gülen mutlaka bu görüşmeden bahsederdi. Zaten kendisi, benimle yaptığı söyleşide, çok açık ve net bir ifadeyle, tabii burada sır veriyoruz, öyle şeyler var ki, artık bir mahsur görmediğim için açıklıyorum. Fakat öyle şeyler de var ki, onları bir sır olarak kabrime götüreceğim, demişti. Sanırım, söz konusu görüşme de böylesi bir sırdı. Halbuki iki kişinin bildiği sır, sır olmaktan da çıkıyordu.

Gülen'in, çevresindeki kişilerden biat almasının 1971 yılına tekabül ettiğini düşünecek olursak, söz konusu edilen yemekli toplantının mana ve muhtevasını da çözeriz, sanırım.

Soruyla ilgili olarak söylediğimiz ilk cümleye tekrar dönecek olursak, Gülen'in baştan beri bir proje olduğu anlaşılıyor. Eğer bu projenin başlangıcına bir tarih koymak gerekirse bu, Gülen'in devlete bıraktığı ilk muhbirlik adresinin tarihi olabilir. Yani hocasını karakola şikayet ettiği tarih. Bu tarihten sonra, Gülen'in bir devlet unsuru olarak hareket ettiği, hayatını yönlendirici unsurun da böylesi bir misyon olduğu söylenebilir. Bu misyonun özeti, devletin dini hareketleri kontrolde içten insanları kullanmasıdır. Gücü ülke ölçeğinde olduğunda bu misyon öyle icra edilmiş; gücü uluslararası boyuta ulaşınca da misyonun ölçeği uluslararası boyuta taşınmıştır. Bu arada elbette sorumlu olduğu kurumsal yapının adresi de değişmiştir.

İLK NÜVE KAMPLAR

Kamplardan gaye, ileride başlatılacak cemaat hareketinin kadrolarını yetiştirmek diye özetlenebilir. Bu fikir kimden ve nasıl doğdu, elbette gerçeğini bilmemiz mümkün değil. Fakat Gülen, bu kamp fikrinin kendinden çıktığını söylüyor. Kayıtlara alınan sözlerinde gerekçe olarak, Kestanepazarı öğrencilerinin yaz aylarında tatile gittiğinde, tedrisat döneminde öğrendiği her şeyi unuttuğu, dolayısıyla hiç olmazsa yaz aylarının bir bölümünde de serin, gölgesi bol yerlerde derslerine devam etmeleri gerektiği söyleniyor. Bu arada özellikle İzmir ve civarında oturanların yaz aylarının manevi olumsuzluklarından aşırı derecede etkilenmemesi, günaha girmeden temiz, asude bir yaz geçirmesinin temini de gerekçeler arasında ifade ediliyor. Fakat, ifade edilen gerekçeler hedeflenmiş olsa bile asıl gayenin, cemaatin çekirdek kadrosunu yetiştirmek olduğu sonraki yıllarda gerçekleşen icraattan anlaşılmış oluyor. Uzun süre cemaati yöneten ve yönlendirenler bu kamplarda yetişmiş kişilerdir.

Gülen, kaydedilmesine izin vermediği özel sohbetlerinde ise, kampları İhvan hareketinden esinlenerek yaptığını söyler. Askerin disiplinini, medresenin ilmini, tekkenin edep ve terbiyesini hakim kılmanın bir alanı olarak kampları tecrübe eder. Öğrencilere burada Arapça gramer dersleri okutur, kültür-fizik çalışmaları yaptırır, hem ferdi hem de topluluk olarak Risalelerin okunmasına ve öğrenilmesine öncelik verilir.

Kamplara iştirak eden öğrencilerden herhangi bir ücret alınması söz konusu değildi. İlk kampın masraflarını da Gülen, Ankara'da bazı tanıdıklarından topladığı 3.000 TL. tutarındaki bonolardan karşıladığını ifade etmektedir. Daha sonraki yıllarda ise yapılan kampların masraflarını kısmen Kestanepazarı Derneği, büyük çoğunluğunu ise İzmirli hayırseverler karşıladı. Elbette bu arada başka ödenekler de devreye girmiş olabilir; fakat işin o tarafını bizim bilmemiz mümkün değil. "Ödenek" kelimesine gönderme yapmam boşuna değil. Çünkü Gülen şöyle demektedir:

"İlk Buca kampı öncesinde Ankara'ya gittim. 27 Mayıs'tan sonra askerler milletten para aldılar, paranın yerine bono verdiler. Bonolar vardı. Millet sonra o bonoları kullanacaktı. Ben tanıdıklardan 3000 liralık bono topladım, getirdim. Bu bonoları Kestanepazarına yatırdım. Bunu alın, bunun karşılığında para verin, çadır yaptırayım, dedim."

Gülen'in bu anlatısını kendisinden çeşitli vesilelerle belki onlarca kez dinledim. Ankara'da kendilerinden 3000 TL tutarında bono topladığı tanıdıklarının kimliğini hep örtülü geçtiğini, asla tasrih edip açıklamadığını gördüm. O döneme ait bütün yapılan yardımları kimin ne kadar verdiğini tasrih ederek anlatmasına rağmen, söz konusu bu bonolar olunca, hiç isim açıklamaması oldukça dikkat çekici. Burada bir örtülü ödenek mi söz konusuydu, diye de düşünmeden edemiyorum.

RÜŞVET

Peygamber Efendimiz: "Rüşvet veren de alan da ateştedir" buyurmuş, pratikte de rüşveti önleyici tedbirler almıştır. Bir toplumu kokuşturan en önemli içtimai hastalıklardan birinin de rüşvet olduğundan kuşku yoktur. Dini bir topluluğun lideri, öncelikli olarak bu hastalıkla mücadele etmesi gerekirken, Gülen tam aksine rüşvetin teşvikçisi olmuştur. İşin korkunç yanı da ondaki bu rüşvet vermeye teşne hal daha sonraki süreçlerde hem Gülen hem de Cemaati için sari hastalığa dönüşmüştür.

1971 muhtırasında bazı cemaat üyelerinin tutuklanmaları söz konusu olur. Gülen önce onların kurtarılmaları için uğraştığını söyler; fakat başarılı olamamıştır. Sonrasını kendisinden dinleyelim:

"İş ağırlaşıyordu. Emniyette, bu arkadaşları bıraktırtmak mümkündü ama yapamadık. Savcılıkta da bıraktıramadık. Savcıyı bulsaydık ve o zaman 5-10 bin lira verseydik belki bırakırdı. O zaman 5-10 bin lira önemli bir paraydı. Onu da yapamadık. Bulamadık. Arkadaşları bu mevzuda (Rüşvet vermeyi kast ediyor) ikna etmek

zordu. Fakat bu arada şunu öğrendik: Ali Rıza Hafızoğlu ülkücüleri serbest bıraktıktan sonra trafik kazası geçirmiş, dinlenmeye ayrılmış. O'nun yerine bizim davaya Nurettin Soyer bakacak.

Korkunç nur ve o ölçüde de din düşmanı... Kendine göre Cumalara da gidiyormuş gibi görünürdü. O yapıda biri... Ve aynı zamanda hiçbir şey kabul etmez gibi görünürdü. Daha sonra Selamet Partisi davasından para aldığı dillere destan oldu. Bir Renault alınsa, o günün parasıyla 25-30 bin lira para verilse bu adam halledebilir bu meseleyi diye arkadaşlara rica etmiştim. Çünkü mahkeme heyeti çok menfi değildi. Arkadaşlar bunu çok buldular. Fakat daha sonra Ankara'dan tuttukları Yılmaz isimli bir avukata 80 000 TL verdiler. Daha başkalarına da epey para verdiler. O zamanın parasıyla 150 000 TL para harcadılar. Az bir şeyle halledilebilecekken hadise büyüdü."

TALEBENİN SABUNUNU NEDEN KULLANMADI, YEMEĞİNİ NİÇİN YEMEDİ?

"Kestanepazarı'nda idarecilik yaptığım süre içinde maaş almadım. Talebeye ait yemekten yemedim. Hatta talebeye ait sabuna bile el sürmedim."

Gülen'den bu cümleleri belki yüzlerce defa dinledim. Her defasında bunları sadece sizlere bir örnek olması için arz ediyorum, demeyi de ihmal etmeden. Doğrudur, Gülen dediği gibi gerçekten Kestanepazarı Derneği'nden yaptığı idareciliğe bedel maaş almamıştır.

Fakat, Kestanepazarı Derneği'nin avlusunda kendisi için inşa edilen küçük ahşap eve de bir bedel ödememiştir. Zaten Gülen'e maaş verilseydi, böylesi bir barınma ihtiyacını ancak karşılardı. Yani yaptığı çok da büyük fedakarlık değildi.

Yemek meselesine gelince, merak edilmesin Kestanepazarı'nda talebelere çıkan yemek, öyle Gülen'in yiyeceği cinsten kaliteli yemek değildi. Hele her gün çıkan bazı yemeklerden talebelere bile gına gelir, parası olanlar çarşı pazardan bir şeyler almayı tercih ederlerdi. Zaten yemeklerde bitkisel yağ kullanılır; Gülen de kendi ifadesiyle bitkisel yağdan nefret ederdi. Sadece Cumaları öğle yemeğinde eli yüzü düzgün yemek çıkardı; o zaman da zaten kendisi vaaz veriyor olurdu. Peki ne yer içerdi derseniz, her gün Abdullah Birlik'in evde annesinin yapıp hazırladığı ve üçlü sefertasıyla getirdiği yemeği... Ayrıca, ziyaretine gelenler de özellikle zengin olanlar eli boş gelmezlerdi. Ama onun yiyeceği yemeğin etli veya tereyağlı olması şarttı.

Talebenin sabununa gelince, o gün için biz talebelerin kullandığı sabuna Gülen'in el sürmemesi takvadan ziyade kullandığımız sabunun kalitesindendi. Bu yeşil sabunlar daha ikinci kullanışta kendini bırakır, görüntüsü hiç de hoş olmayan bir hal alırdı. Zaten zeytinyağından mamuldü. Yani Gülen'in evde yemekte bile kullanılsa, bu ev zeytin yağı kokuyor deyip kapıyı çalarak evi terk ettiği yağdan... Elbette Gülen'in böyle bir sabunu kullanması düşünülemezdi.

Bir akşamüstü, akşam yemeğini yemiş, abdesthanede ellerimi yıkıyordum. Gülen de yan tarafta abdest alıyordu. Ben sabunu elimde iyice köpürttüm, sonra da sabunun köpüğü ile dudaklarımı hatta belki de ağzımı yıkadım. Bu arada Gülen abdest almasını bitirdi, kısa süre de beni bekledi. Ben işimi tamamlayınca, sen, dedi, köpek pisliğini ağzına alır mısın? Ben şaşkın, almam, dedim. Bu sabunun ondan ne farkı var ki, dedi ve merdivenlere yöneldi, gitti. Elime ne zaman yeşil sabun alsam bu olayı hep hatırlarım. Ve ne zaman ondan "talebenin sabununa dokunmadım" sözünü duysam içten içe gülerim. Bir insan istediği sabunu kullanır, istediği yemeği yer, elbette o kendi tercihidir. Ama gayet doğal böylesi hallere farklı anlamlar yüklemek doğru değildir.

EVLENMEME MESELESİ

Bilindiği gibi Gülen evlenmemiştir. Daha sonraları bu evlenmeyişe Peygamberimizle ilgili birisinin gördüğü rüyayı gerekçe gösterse de asıl sebep veya sebepler başkadır. Önce kendisini dinleyelim:

"İşin doğrusunu söylemek gerekirse Edirne'de Hüseyin Efendi birisini kafama taktı. Zenginlerden birisiydi. Ben önce olumsuz cevap verdim. İhtimal onların da isteği vardı. Daha sonra benim imamlık yapan Mehmet Çetin diye yaşlı bir arkadaşım vardı. Saraçhanenin baş imamıydı. Bu mevzulardan söz açılınca O'na: "Sen git. Bu işi ayarla" dedim. Adamlar: "O'nun anası babası yok mu?" demişler. Ben de onur meselesi yaptım. Kökünüze lanet demek gibi bir şey içimden geldi. Biraz kafama girmişlerdi. Hatta bir bayramda alıp beni onların evine de götürmüşlerdi.

Yaşar Hoca geldiğinde zenginlerden birisiyle aralarında konuşmuşlar. Bana dedi ki: "Falanın kapısının önünden bir geç" deyince ben hemen anladım. "Geçmez misin?" dedi. Ben de: "Geçmem" diye sertleştim, dikleştim. " Evvel ve ahir geçmem" dedim. O zaman silip atmıştım kafamdan. "Hiç zorlamayın beni Hocam" dedim.

Sıkıştığım zaman, çamaşırım, yemeğim, yatağım bu işleri düşündüğüm zaman acaba diye tereddüt geçirmiş olabilirim, herkesin aklına gelebilir bu. Fakat kafamdan silip attım. Cenab-ı Hakk beni muhafaza etti.

Yine Edirne' de paşazadenin biri o devirde kafasında kuruyormuş. Vaazlara süslenip püslenip geliyormuş. Ama işin doğrusu yüzde bir bile alaka duymadım. Allah biliyor. Bir gün arkada müezzinlerin durduğu maksurede dururken içeri girdi. Camide de kimse yoktu. Ben hemen kendimi pencereye attım, camı da üzerime kapattım. "Geber" dedi. Vallahi bu pencerede gebermeye razıyım, dedim. Allah beni O'nun şerrinden muhafaza etti o gün.

Hastanede yattığım sıralarda da buna benzer bir şey olmuştu. Getirip gül veriyorlardı ama Allah muhafaza etti."

Nedense Gülen'e talip olan aileler ya zengin ya da paşazade. Camiye süslenip püslenip geliyormuş, ifadesi ise tam bir ironi. Madem böylesi bir ilgiden haberi yok, süslenip püslenme detayını nerden biliyor. İlgi duymamak ayrı bir mesele, habersiz olmak tamamen farklı bir mesele.

Fakat Gülen'in bütün anlatılarında hakim olan bu tür muğlak üslup. Meselenin aslına gelince, Gülen'in yine bana anlattıklarından yola çıkarak söyleyecek olursak, Gülen'in göbeğinden dizine kadar vücudunda bir kaşıntı illeti var; vücudunun o bölgesi çok kaşınmaktan dolayı yara bere içinde. Zaten çocukluk yıllarında dört sene kadar uyuz illetine müptela olmuş. Söz konusu kaşıntı illetinin bununla irtibatı olup olmadığını bilmiyoruz. Fakat 12 Mart muhtırasında hapse atıldığında bu illetin şiddetlendiğini ve O'nu çok mustarip ettiğini kendi anlattıklarıyla biliyoruz.

Meselenin bu yanını ben hiç düşünmemiştim. Bir gün Çamlıca'daki Akademide Nazlı Ilıcak, Gülper Refiğ ve Halit Refiğ beraber oturuyorduk. Nazlı Ilıcak, Gülen'in hayatını Akşam Gazetesi'nde tefrika etmek istediği için, Halit Refiğ de Gülen'in hayatını sinema filimi yapmak projesinden dolayı oradaydı. Her ikisinin de bilgi kaynağı o gün için bendim. Halit Refiğ'e senaryo çalışması için elimdeki bazı bilgileri vermiştim. O bunlardan çıkış yaparak bir senaryo yazacak, sonra da bunu sinema filmi olarak çekecektik. Bir ara Gülper Refiğ bana Gülen'in niçin evlenmediğini sordu. Ben ne söyleyeceğimi düşünürken, Halit bey hemen devreye girdi. Göbeğinden dizine kadar vücudu yara bere içinde nasıl evlensin, dedi.

Tek sebebin bu olduğunu sanmıyorum. Bence daha baskın sebep onun kendisini Bediüzzaman'ın yerine konuşlandırmasıdır. Gülen'de taklit hastalık derecesindedir. Evlenmeme kararı da yine bu tür bir kuru taklidin sonucudur.

CEMAAT OLUŞUMUNDA VAAZLARIN YERİ

Gülen: *"Bir kısım işaretlerle vaaz u nasihat müessesesinin ahir zamanla alakalı bir zatta (Hz. İsa'yı kast ediyor) vaizlik unvanıyla çok önem kazandığı benim için bir şuur altıdır. Katiyen inandığım bir mevzudur. Vaaz u nasihatin kendine göre bir fonksiyonu olduğuna inandım. İnanmıştım ve inanıyorum. Şu anda da o imkan olsa yine aynı şeyleri yaparım. Çok önemli bir şeydi"* der.

Bu bakımdan onun vaaz u nasihat müessesine neden bu kadar önem atfettiğini anlamamız mümkündür. Aynı zamanda irşat ve tebliği emreden ayetler, hadisler de bu müessesenin lüzumuna en öncelikli referanslardır. Bu bağlamda bütün inananlar olarak aynı kanaatin insanlarıyız.

Gülen'in vaaz, sohbet ve konuşmalarının, sempati alanını açmak ve genişletmek dışında cemaat tekevvününde herhangi bir etkisi olmamıştır. Cemaat tekevvününü hasıl edecek ve devamlı kılacak cazibe-i kutsiyeyi ne O'nun konuşmalarında ne de yazılarında bulmak mümkün değildir. Bu yönüyle O'nun sıradan bir vaiz ve yazardan farkı yoktur. Hatta, kendi döneminde, ondan daha hatip vaizler de vardı. Zaten ister akademik isterse edebi anlamda O'nun konuşmalarına ve yazılarına konu edindiği meseleler pek çokları tarafından da işleniyordu. Bu açıdan Gülen'i diğerlerinden farklı kılacak ve insanları O'nun etrafında toplanmaya sevk edecek ayırıcı bir özelliği yoktu. Gülen de bu eksi yanın farkında olduğu içindir ki, kendi olarak ortaya çıkmadı. Risale-i Nur'u ve onun müellifi Bediüzzaman Said Nursi Hazretleri'ni kendisine öncü edindiğini söyledi ve bu potansiyeli kullandı. Eğer Gülen kendi çevresinde oluşan cemaat yapısına Risaleleri ve Bediüzzaman Hazretleri'nin görüşlerini harç edinmeseydi, ne cemaatin kuruluşu ne de inkişafı söz konusu olurdu.

Bugün dahi Gülen'in konuşmalarının, sohbetlerinin muhtevası yüzde doksanıyla Risale-i Nur'dan yaptığı alıntılardır. Eğer Risale-i Nur perspektifini kazanmış olmasaydı Gülen'in bugün ismi bile anılmaz, sıradan bir vaiz olarak yaşar, kısa zamanda da unutulur giderdi. Yani arkasından kitlelerin sürüklendiği bir kanaat önderi konumunu dahi kazanamazdı.

1980- 89 yılları arasında camilerde vaaz etme kesintiye uğrasa da Gülen'in fikir ve düşüncelerini cemaat üyelerine aktarmada bir kesinti yaşanmadı. Zaten 80'li yıllara kadar yaptığı bütün konuşmalar teyp kasetlerine kaydedilmişti; onlar çoğaltılarak evlerde, yurtlarda cemaat üyelerine dinletiliyordu.

Video yaygınlaşınca, Gülen'in mesajları o yolla iletilmeye başlanıldı. Görüntülü de olduğu için yapılan özel sohbetlerin genel kitlelere ulaştırılması daha da kolay oldu. Bir bakıma görüntü, Gülen'in kaçak olduğu o dönemlerde kendisini legalize etme işlevini de gördü. Denilebilir ki, küçük gruplar halinde ve yaygın bir şekilde yapılan Gülen'in teyp ya da video kasetlerinden dinletilmesi, camilerde yapılan vaazlardan kadro yetiştirme bağlamında daha etkili oldu.

Bir de, bu dönemde Gülen, rejim tarafından mağdur edilmiş bir insan olarak lanse edildiğinden, halkın böylesi mağduriyetlerde mağdur kişiyi sahiplenmesi psikolojisini de tetikledi. Her ay mutat yapılan toplantılarda alınan kararlar, söylenen düşünceler il imamları kanalıyla cemaat üyelerine ve sempatizan kitleye ulaştırıldı; bahsi geçen psikoloji sebebiyle de tekliflerin bütünü icraata dökülme adına asla karşı mukavemete uğramadı. İstenilenler, eldeki mevcut imkanlar son limite kadar zorlanarak gerçekleştirildi. Evlerin açılması, her sene katlanarak artırıldı; yurtların, pansiyonların açılması aksamadan sürdürüldü; okullar inşa edilmesinin çareleri araştırıldı. Bu arada Gülen, bütün Türkiye'yi dolaşıyor, hizmetleri yerinde görme, yerinde denetleme imkanını elde etmiş oluyordu.

Burdur'da yakalanıp serbest bırakıldıktan sonra Gülen, tekrar vaizliğe dönmenin çarelerini aradı; fakat yetkililerden bu hususta olumlu cevap alamadı. Daha sonra Hacca gitti, dönüşünde tutuklanma endişesiyle sınırdan kaçak olarak girdi. Bu arada savcılığa müracaat etti, serbest bırakıldı. Bu serbest kalış O'nun önünü açtı. Fakat eskisi gibi Diyanet'te görevli bir insan olarak vaizlik yapmak yerine, fahri vaizliği tercih etti. Her Cuma, Üsküdar'da vaaz vermeye başladı. Buraya ilk dönemlerde Cemaat üyesi kişilerin gelmesine kota konuldu; aslında bu kota, gelmeye özendirmenin bir başka yönüydü. İnsanlar yasağa rağmen vaazlara gelmenin seçkinliğini elde etmek istiyordu; elde edenler de bu seçkinliği bir ayrıcalık olarak kullanıyordu.

Fakat Üsküdar vaazları bence tamamen taktiksel bir çıkış hamlesiydi. Gülen, toplumdaki yerini tespite çalışıyordu. Toplum O'nu ne kadar tanıyor, ne oranda ilgi gösteriyordu? Başta küçük bir caminin seçilmesi de olası bir fiyaskoyu önleme gayesine matuftu.

İlgi, alaka normale dönünce, zaman zaman da artış gösterince, bu vaazların yanında İstanbul ve İzmir'de Pazar günleri dönüşümlü vaazlar başlatıldı. Bu vaazlara Türkiye'nin her yerinden otobüslerle, imkanı olanlar için uçaklarla insanlar taşındı. Bir bakıma kitleleşmenin provaları yapılmaya başlandı.

Gülen, bu vaazlarında hizmete ait su yüzüne çıkmış çalışma alanlarını açıktan deşifre ediyor; böylece hizmet alanındaki yaygınlaşmaları meşrulaştırmaya çalışıyordu. Cemaat çalışmalarının gizli yürütülmesine imkan kalmadığı için bazı hususların deşifresi, gizli kalması gerekenleri de böylece perdelemiş oluyordu. Aynı zamanda, Gülen de bu arada daha önce kendisini hiç tanımayan geniş kitlelerce tanınmaya başlamıştı; bu durum

O'nun kendi konumunu pekiştirmesi adına ayrıca önemliydi.

Diğer taraftan, Gülen bu vaazlarında devletten yana tavır aldığının mesajlarını da veriyordu. Üniversitelerde yaşanan başörtüsü mağduriyetlerinde Gülen'in yaklaşımı mağdurlardan yana değil zalimlerden yana olmuştu. Yapılan boykotların bazı gizli servisler tarafından organize edildiğini söylemiş; okumak isteyen kızların başlarını açarak öğrenimlerine devam etmelerini tavsiye etmişti.

Bir de Rusya'nın dağılmasıyla birlikte oralara hizmeti taşıma misyonunu daha geniş halk kitlelerine yükleme gibi bir düşünce de vardı. Gülen oralara gitmenin, oralara İslam'ı götürmenin, kopan tarihi bağların yeniden inşasının önemini bu vaazlarında, yaşanan örnekleriyle anlatmış; meseleyi cemaat işi olmaktan çıkarıp milli bir mesele haline getirmeye çalışmıştır. İşin organize yanı cemaatin tekelinde kalsa bile, bu çalışmaları desteklemede milli iradeyi yanına almak bakımından Gülen'in vaazları bu meyanda etkili de olmuştur.

MÜESSESELEŞME SÜRECİ

İlk müessese: Evler, 1968 yılında, İzmir müftüsü Ahmet Karakullukçu'nun İlim Yayma Cemiyeti'nden aldığı destekle İzmir'in Tepecik semtinde, dindar talebelerin barınma ihtiyacını karşılamak amacıyla ve kiralanmak suretiyle açıldı.

Ev hizmetleri "dershane, medrese" adı altında zaten yapılıyordu. Fakat talebe, esnaf, işçi hepsi bir arada kalıyordu. Gülen bu evleri tasnif etmiş oldu. Bilhassa talebeler için ayrı evler tahsisi ve bunun belli bir sisteme bağlanması O'nun teklifi ile gerçekleşti. Daha sonra diğer Nur Medreselerinde de bu usul kısmen tatbik edildi. Önce İzmir'de birkaç ev açıldı. Sonra ihtiyaca göre İzmir'de, Ege'de ve Türkiye'nin çeşitli bölgelerinde yaygınlaştı.

Zamanla bu evlerde de statüler oluştu. Özel hizmet üst başlığında toplanan bütün çalışmalar, sadece o alandaki kişilere tahsis edilen evlerde yapıldı. Bir başkasının o alana ait evlere gidiş gelişi yasaklandı. İlk dönemlerde ve uzun süre sadece erkekler için evler açılırken, daha sonraları aynı sistem uygulanmak üzere bayanlar için de evler açıldı.

Ev hizmetleri, dar çerçevede, belli bir hizmet şeklini kabullenmiş ya da en azından belli bir eğitimden sonra kabullenebilecek kitleye hitap ediyordu. Bu da Hizmet Hareketi'nin manevra kabiliyetini sınırlıyor; onu sınırlı alana hapsediyordu. Halbuki Gülen'in önünde bir Kestanepazarı modeli vardı. İnsanların sadece inançlı olmaları ya da çocuğunu imanlı, ahlaklı yetiştirmeyi istemesi çocuğunu size emanet etmesi için yeterliydi. Gülen, ev hizmetine göre aksiyon alanı çok daha geniş bu sahayı asla ihmal etmedi. Diğer Nur talebeleri hizmetlerini evlerle sınırlarken o Yurt hizmetine de el attı.

Gülen, 1970 yılının sonlarında Kestanepazarı'ndan ayrıldıktan sonra İzmir'in Güzelyalı semtinde küçük ve harap bir bina bularak restore ettirdi. Burası en fazla kırk talebeyi barındırabilecek kapasitede bir yerdi. Sonra İzmir- Bozyaka'daki yurt inşa edildi. Bozyaka yurdu bir emsal oldu. Türkiye'nin dört bir yanından insanlar akın akın gelip gördüler; gidip beldelerinde aynı hizmeti ifa edecek binalar yaptılar, yurtlar inşa ettiler.

Bu yurtlarda kalan öğrenciler önceleri İmam Hatip Okulları'nda okumaya yönlendirildiler. Daha sonra bütün ortaokul ve liselere taksim edilerek gönderildiler. İster İmam Hatip'te isterse diğer ortaokul ve liselerde okusun yurtlarda onlar için Arapça ve diğer din eğitimleri verildi. Bu talebeler, gittikleri okullarda hizmete adam kazanma vazifesi ile de görevlendirildi.

İlk başlarda yurtlar orta ve lise talebelerine hitap ediyordu. Sonraları üniversite talebeleri için de yurtlar kuruldu. Özellikle üniversite yurtları, evlere geçişte bir hazırlık misyonu görüyordu. Yurt hizmetleri, devlete ait yurtları ele geçirme, oraları hizmet adına değerlendirme maksatlı çalışmalarla bir başka boyuta daha taşındı. Erkekler için yapılan bütün yurt çalışmaları tarzı bayanlar için de aynı şekilde tatbik edildi.

Müesseseleşmenin bir başka boyutu da Üniversiteye Hazırlık Dershaneleri'ydi. İlk defa 1973 yılında, İzmir Salepçioğlu Camii'nin zemin katında, mevcut iki-üç oda sınıf haline getirildi. Burada üniversite talebeleri veya yeni mezunlar ders veriyordu. Önceleri sadece Cemaat evlerinde, Cemaat yurtlarında kalanlara verilen bu hizmet, daha sonraları herkese hitap eden, Türkiye genelinde yaygın dev kurumlara dönüştü.

İşin başında Dershaneler, çok verimli insan kaynakları olmaları sebebiyle hizmette öncelikli sıraya geldiler. Yurtlarda, okullarda altı - yedi senede ulaşılan insan kazanma seviyesine buralarda altı- yedi ayda ulaşılıyordu. İyi bir rehberlik çalışmasıyla hem öğrencilere dini hayat bakımından belli bir seviye kazandırılıyor; hem de hazır birer eleman haline gelmiş bu insanlar hizmetin istediği üniversitelere, hizmetin istediği bölümlere yönlendirilmek suretiyle fetih adına işlev görüyorlardı. Askeri hizmetlerin, Emniyet hizmetlerinin potansiyel kaynakları da yine Dershaneler idi. Bu açıdan da yine Dershaneler diğer hizmet kurumlarına göre stratejik önemi olan yerlerdi. Sadece insan kaynakları olma yönüyle değil, ekonomik bağlamda da Dershaneler çok önemliydi; hatta daha sonraları gelinen noktada ekonomik yanı daha ağır basar hale geldi.

Son tahlilde, ne yazık ki, önceleri, Cemaate ait dershanelerde eğitim görenlerin yüksek oranda Üniversiteleri kazanmaları, eğitim kalitesinden kaynaklandığı sanılıyor; aileler için bu başarı çok önemli referans işlevi görüyordu. Halbuki sonradan işin aslı deşifre oldu; cemaat imtihan sorularını çalıyor ve kendi öğrencilerine çıkacağı kesin sorular üzerinden öğretim yapıyordu.

Sözün burasında bir anekdotu aktarmadan geçemeyeceğim:

Önce muhatabım olan tanığın dediklerini sizinle paylaşayım. Şöyle diyor: "Üç günlük eğitim kampına çağırıldım. Gittim. Girişte, burada olanları ve konuşulanları en yakınlarım dahil hiç kimseyle paylaşmayacağıma dair, talak üzerine yemin etmem istendi. Kabul ettim. İçeriye girdiğimde, benim durumumda daha pek çok adayın olduğunu gördüm. Grup halinde bize, KPSS soruları ve cevapları verildi. Evrakların dışarıya çıkarılması yasaktı. Herkes cevapları iyice bellemek zorundaydı. İmtihanlara girdiğimde, soruların aynen bize verilenler olduğunu gördüm. Yüksek puan tutturarak memurluğa hak kazandım. Ve sonuçta atamam yapıldı, devlete ait bir kurumda göreve başladım.

Fakat, göreve başladığımdan beri çok şiddetli bir vicdan azabıyla kıvranıyorum. Kimyam bozuldu. Sağlığım altüst oldu. Huzurum kalmadı.

Eşim, bendeki bu değişikliği gördükçe üzüntüden ne yapacağını bilemez hale geldi. Sorduğu soruları cevapsız bırakmam, hem onu hem de beni her şeyden daha fazla üzüyor. Ancak o da bendeki değişikliğin sınavlardan sonra başladığının farkında. Fakat iyi bir puan almam sebebiyle, üzüntümün asıl kaynağını teşhis edebilmiş değil. Ona açılabilsem belki rahatlayacağım. Ama bu aynı zamanda ondan boşanmış olmayı da göze almış olmam sayılacağından buna asla cesaret edemiyorum.

Mutlu bir yuvam var. Eşim de devlet okullarından birinde öğretmenlik yapıyor. Aslında özel bir kurumda ben de aynı mesleği icra ediyordum. Keşke yapılan teklifi kabul etmeseydim; ya da bu sınava hiç girmeseydim.

Şimdi, kendimden utanıyorum. Ben böyle bir haksızlığı niçin ve nasıl oldu da yaptım. Eşime ve çocuklarıma yedirdiğim ekmeğin haram olacağı endişesi beni her geçen gün eritiyor, tüketiyor. Bazen, Taksim meydanına gidip, avazım çıktığı kadar "ben hırsızım, beni cezalandırın" diye bağırasım geliyor. Ne ki, eşim ve çocuklarıma böylesi kötü bir anı miras bırakmaktan, onları toplum içinde yere bakar hale getirmekten korkuyor, bu korkuyla feveranlarımı bastırmaya çalışıyorum.

Hele, eşimle ve yakın çevremdeki insanlarla sohbet ederken, konunun dönüp dolaşıp sınav sorularının çalınması meselesine gelmesi beni içten içe kahrediyor. Sınav sorularını çalanların ne büyük bir haksızlık yaptıkları, bunun düpedüz bir hırsızlık ve başkalarının haklarını gasp olduğu söylendikçe, hele hak sahipleri içinde nice mağdurların olabileceği dillendirildikçe ve bunlarla helalleşmeden ahiret sorgulamasında kurtuluşun imkansızlığı ifadeye döküldükçe, utancımdan sırılsıklam terliyorum; keşke yer yarılsa da yerin dibine geçsem diye dua ediyorum..."

Genç muhatabım, yüzü sapsarı, dudakları titrek, gözyaşları içinde bana bunları anlatırken, ben mağdurlar çağrışımlarının tufanına tutulmuş gibiydim. Kim bilir bu mağdurlar arasında kimler vardı...

Kendisine, Diyanet'e müracaat etmesini, böylesi bir yeminle talak/boşanma vaki olup olmayacağını sormasını tavsiye ettim. Ayrıca, her gün vicdan azabıyla yaşamaktansa doğruları yetkili yerlere aktararak sonucuna katlanmasının daha doğru, daha erdemli bir davranış olacağını söyledim. Sonuç ne oldu, genç hangi noktada karar kıldı, bilemiyorum...

2010 yılındaki KPSS sınav sorularının çalınması ile ilgili rafa kaldırılmış dava dosyasının bugünlerde tekrar raftan indirilmesi, meselenin nasıl bir ülke sorununa dönüştüğünün de göstergesi. Yüzlerce insanla gerçekleşen kolektif ve koordineli bir hak gaspından bahsediyoruz. Olanları, geçmiş ve bugünkü hal keyfiyetiyle ve önü alınmazsa geleceğe uzanan durumuyla değerlendirdiğimizde devlet mekanizmasının ne denli bir tehlikeli saldırıya maruz kaldığını, dehşet ve ürpertiyle daha iyi anlamış bulunuyoruz. Böylesi bir hak ihlalini, böylesi sistemli ve organize şekilde gerçekleştirmiş bulunmak herhalde tarihte de bir başka örneği gösterilemeyecek olaylardan olsa gerek. Hiçbir topluluğun vicdanı topluca ve bu kadar kararmış olamaz da ondan. Aynı grup tarafından ve aynı usullerle kurumlara yerleşme noktasında yapılan hak ihlallerini de yine bu merkezde düşünmemiz şart.

Devlet, devlet memuru alma sistemini baştan sona değiştirmedikçe ve konuyla alakalı mekanizmayı sağlam ve güvenilir insanlara teslim etmedikçe, söz konusu hırsızlık ve yolsuzlukların önünü almak ihtimali yok gibi görünüyor. Radikal, kökten ve kalıcı tedbirlere ihtiyaç var.

Keşke, Gülen, haksızlığa karşı hassasiyetini anlatmada, askerde kışla yemeği yemediğini, askeriyeye ait kağıdı kullanmadığını, idareciliğini yaptığı kursta talebeye ait yemeği yemediğini, talebeye ait sabunu kullanmadığını övünç vesilesi yapacağına, bütün o yapmadıklarını yapsaydı da, böylesi harami bir topluluk yetiştirmeseydi.

Dershaneler, insan kaynağı ve ekonomik gelir açısından çok önemli olsalar da, Cemaatin toplumun her katmanından kabul görür hale gelmesi okullar sayesinde olmuştur. Öyle ki, İslam'a hiç sempatisi olmayan insanlar da dahil, her düşünce ve her gruptan insan okul meselesine daima sıcak bakmış; bu konuda kendilerine yapılan teklifleri geri çevirmemiştir.

O dönemlerde sorumlusu olduğum bir ilde, siyasi düşüncesi sola meyilli, içki kullanan, hayatında ibadete hiç yer vermemiş zengin bir işadamı, mesele okul olunca hiç tereddüt etmeden, o beldenin en kıymetli yerindeki oldukça büyük bir arazisini hemen hibe etmiş; hatta hibeyi teslim alması gereken vakıf yetkilileri bile O'nun bu davranışı karşısında şaşkınlıklarını gizleyememişlerdir. Bu sadece bir yere, bir yöreye mahsus da kalmamıştır. Türkiye'nin en fakir illeri bile okul teklifini kabullenmiş; kendi beldelerinde okul yapacak kadar maddi imkan bulamadıklarında da İstanbul, Ankara, İzmir gibi büyük illere taşınmış hemşerilerine müracaat ile bu eksikliği gidermişler ve okul meselesine sahip çıkmışlardı.

Çünkü Anadolu insanı, çok önemli bir çağrı ile karşı karşıya getirilmiştir. Onlara, biz burada sizin çocuklarınıza eğitim hizmeti vermek istiyoruz. Bu yörenin insanı da kaliteli bir eğitim ve öğretimden istifade etmelidir. Bu okullar yarının imanlı, ahlaklı valisini, kaymakamını, bürokratını yetiştirecek. Bu makamlara geleceklerin sizin çocuklarınız olmasını istemez misiniz? Fakir olup da okuyamayacak durumda bulunan zeki öğrenciler burada hiçbir bedel ödemeden, hatta onlara ayrıca burs da verilerek okuyacak, hali vakti iyi olanlardan aynı kalitedeki okullara nispetle kıyaslanamayacak ucuzlukta bir miktar alınacak. Hepsinin iyi üniversitelerde okumaları temin edilecek; Türkiye'nin hangi ilinde okursa okusun bu okullarda okuyan çocuklar barınma zorluğu görmeyecek; oralardaki yurtlar ve evler devreye girerek bu ihtiyaç karşılanmış olacak. Ve daha pek çok vaatler, muhatapları ikna etmeye yetiyor ve onları okul hizmetinde aktif çalışmaya sevk ediyordu.

Okul hizmetine ilk İstanbul'da başlanıldı. Fatih koleji daha önceki işletenlerinden devralındı (Yıl 1982); restore edildi. Daha sonra da Anadolu'nun pek çok yerinden insanlar getirilerek bu okul onlara gösterildi; onlar da aynı okulun kendi vilayetlerinde de yapılacak olmasından mutluluk duydular; aşkla şevkle çalıştılar.

İzmir'de ilk inşa edilen Yamanlar yurdu da hemen okula çevrildi. (Yıl 1982) Daha sonra İzmir Yamanlar'daki okul inşası tamamlanarak faaliyete geçirildi. (Yıl 1986)

Türkiye'de okullar yaygınlaşıp iyice tecrübe kazanılınca, okul hizmeti Rusya'nın da dağılması fırsat bilinerek Türki dünyalara taşındı. Diğer dünya ülkelerinin bütününde de önceki okullar sonra açılacaklara referans oldu.

Okulların yaygınlaşmasındaki başarı biraz da oralara gidip görev yapacak öğretmen kadrosunun baştan yetişmiş olmasıydı. Türkiye devlet olarak da dış ülkelerdeki okulları destekledi. Türkiye ve dünyanın dört bir yanında açılan okullar, hem Türkiye'de hem de açıldığı ülkelerde zengin ve entelektüel kesimin hizmeti kabullenmesine yol açtı.

Elbette, bu okulların kısa sürede bütün dünya ülkelerinde yaygınlaşmasını Amerika ve İsrail'in kendi dış siyasetlerinden bağımsız düşünmek imkanı yoktur. Amerika, bilhassa Türki dünyalara girişini bu okulları üst edinerek gerçekleştirmiş, Rusya karşıtı politikasını hizmet yerlerini ve hizmet fertlerini kullanarak pekiştirmiştir. Zamanla, Hizmet Hareketi'nin dış ülkelerdeki temsilcilerinin Amerika'nın siyasetine uyumlu olacağı ve öyle kalacağı protokole dönüşmüş; dış ülkeye giden ülke temsilcilerinin ilk uğrak yerleri o ülkedeki Amerikan büyükelçilikleri veya konsoloslukları olmuştur. Gülen, bu tavrı gayet açıkça deklare ederek, Amerika dünya gemisinin kaptanıdır, onlara sorulmadan dünyanın hiçbir yerinde iş yapmanın imkanı yoktur, demiştir.

Bu okullarda, öğretmenlik adı altında CIA elemanları çalıştırılmış; onlar da kendi politikaları uyarınca bu okulları istedikleri doğrultuda kullanmışlardır. Buna mukabil, bu okulların diğer dünya ülkelerinde yaygınlaştırılmasına Amerika göz yummuş; hatta kendi ülkesindeki "Charter School"ların işletilmesini bilerek ve isteyerek Gülen'e teslim etmiştir. Çünkü, gayet iptidai denebilecek seviyede eğitim veren bu okulların Gülen'e teslim edilmesinin Amerika'ya kaybettireceği hiçbir şey yoktur; oraların imarı ve kalite kazanması açısından ise kazandıracağı çok şey vardır. Amerika, Gülen'in bu okullar vasıtasıyla etki alanı hangi seviyeye gelirse gelsin, her zaman inisiyatif kullanabilecek güçte bir devlettir. Bu açıdan da Gülen'e verilen okul sayısının azlığı veya çokluğu onlar açısından hiçbir mana ifade etmemektedir. Fakat, mesela İsrail, Çin, İran gibi ideolojik yanları ağır basan ülkeler, bu okulların kendi ülkelerinde açılmasına izin vermemişlerdir.

Türkiye'deki hizmet okulları açısından burada şöyle bir not düşmekte de fayda var: Anadolu insanına verilen sözler hep havada kalmış, bu okullarda fakir öğrenciler değil hep zengin ve varlıklı olanlar eğitim görmüştür. Bir de yurt dışında Hizmet'te aktif görev alanların çocukları bu okullardan ücretsiz olarak istifade etmiştir. Türkiye'de çalışan kadro fertlerinin çocuklarına da yine hatırı sayılır indirimler yapılmıştır.

Cemaat, 1996 yılında açtığı Fatih Üniversitesi ile eğitimdeki dikey büyümesini Üniversite seviyesine taşımıştır. Bu açılış gayet görkemli yapılmış; açılışa Cumhurbaşkanı seviyesinde devlet katılımı da gerçekleşmiştir. Aynı usulle, üniversiteler de Türkiye geneline yayılmış ve bu yatay büyüme dış ülkelerde de sürdürülmüştür.

Açılan bütün okullar ve üniversiteler, cemaatin elli yıla varan eğitim seferberliğinin bir sonucuydu. Fakat ne Gülen ne de önde gelenler nasıl bir kısır döngüyü devam ettirdiklerinin farkında değildi, olmadılar ya da olamadılar. Elli sene sonrasında yüzlerle ifade edilen eğitim kurumlarına sahip olmak yerine eğer bizim o günkü uyarılarımız dikkate alınsaydı; bugün bu rakamlar yüz binlerle ifade edilirdi.

Yeni bir eğitim sistemi inşası önerimi Gülen ya anlamadı; ya da bu teşebbüs ona biçilen misyonun sınırını aşma tehlikesi taşıdığından buna cesaret edemedi. Amerika'ya gitmeden önceki son üç yılımda benim elimi kolumu bağladı; konuyla ilgili yapacağımız görüşmeleri önceden tarih belirlememize rağmen her defasında bir bahane ile iptal etti; en sonunda da, kusura bakma, seninle bu konuları konuşmaya henüz kendimi hazır hissetmiyorum, diyerek konuyu kapadı.

BİR MEDYA PATRONU OLARAK GÜLEN

Cemaatin medya ile ilk teması Sızıntı dergisi vesilesiyle olmuştur. Sızıntı'nın hedef kitlesi ortaokuldan üniversiteye kadar olan talebelerdi. İlk önceleri hedef alınan kitlenin düşünce yapısı nazara alınarak bir üslup tercihine gidildiği, bu sebeple de dini kavramların doğrudan kullanılmadığı hem Gülen hem de yetkili ağızlar tarafından sıkça ifade ediliyordu. Hatta ilk dönemler doğrudan Allah ism-i celili ve Efendimiz'in nam-ı celili dahi zikredilmiyordu. Milli Eğitim'den tavsiye kararı alıp dergiyi okullara sokma mazereti bu tavrın doğruluğuna gerekçe gösteriliyordu. Din görüntülü bir dergi okulun kapısından döner, deniliyordu. Daha sonra bu lüzum ortadan kalktı ki üslupta da değişme oldu. Dini kavramlar doğrudan ifade edildi.

Bu başlangıç ve daha sonraki değişim üzerinde kısaca durmamızda fayda var: Bilindiği gibi Gülen, Sızıntı dergisinin orta sayfasında bizzat kendisi tarafından yapılan çalışmayla Risale-i Nur'u sadeleştirerek neşrediyordu. Bu durumdan da Üstadın varisi olan Ağabeyler ve onların takipçisi Nur talebeleri fevkalade rahatsızdı. Bu arada Abdullah Aymaz da aynı tür çalışmalar yaparak kendi adına kitaplar bastırıyordu. Bunun üzerine

Ağabeyler bir gün bu yapılanlara karşı duydukları rahatsızlığı Gülen'in yüzüne doğrudan söylediler. Gülen de "İtizar" başlıklı bir yazı yazarak artık Risalelerin sadeleştirilerek Sızıntı'da neşrini durdurduğunu açıkladı. Sızıntının bir ay sonraki sayısında ise "Kalbin Zümrüt Tepeleri" başlıklı yazı dizisine başladı.

Lise talebelerinin anlama kapasitesini gerekçe göstererek Risaleleri sadeleştirip neşreden Gülen, sanki bir ay içinde muhatap kitle topluca seviye atlamış gibi, dili Risalelerden daha ağır bir üslupla bu tasavvufi yazılarını aynı dergide, hem de bazı Arapça ve Farsça ibareleri orijinal haliyle yazarak yayımladı. Bunu da bize, artık dini ibareleri kullanmaya bir engel kalmadığı gerekçesiyle izaha çalıştı. Bütün bu değişim nasıl olmuşsa bir ay içinde olmuştu.

Hayır, işin doğrusu şuydu: Gülen yaptığı sadeleştirme ile aslında Risale-i Nur'un otantik yapısını tahribe niyetliydi. Çünkü biliyordu ki, Risale-i Nur'un bu otantik yapısı varlığını sürdürdükçe o ve yazdıkları Risale-i Nur'un gölgesinde kalmaya mahkum olacaktı.

Çünkü Risale-i Nur'un asıl ibaresi bir metindi ve bu metnin muhatabın durumuna göre anlam kazanan sehl-i mümteni denecek kıvamda bir beyan tarzı, bir üslubu vardı. Nitekim o, ilim diliyle konuştuğunda aklı, irfan diliyle konuştuğunda kalbi, hikmet diliyle konuştuğunda ruhu, fıtrat diliyle konuştuğunda vicdanı, rabbanilik diliyle konuştuğunda ene denen benliği muhatap alıyor ve insan mahiyetinin bu ana merkezlerinde, yani nefis de dahil insan mahiyetinin bütününde, elbette Rabbimizin dilemesi ölçüsünde bir arınma gerçekleştiriyordu. Bunlara bağlı olarak insan imanını taklitten kurtarıyor, onu tahkikin son merhalesine kadar inkişaf ettiriyordu. Halbuki sadeleştirilmiş Risalelerde bütün bu özellikler kayboluyor, istifade sadece aklın muhatap olma yönüyle sınırlı kalıyordu. İşte Gülen'in yaptığı böyle bir tahripti ve bunun hiçbir inandırıcı gerekçesi olamazdı.

Fakat o hedefine kilitli kalmaktan asla vazgeçmedi; her zamanki taktiği ile pusuya yattı. Ağabeylerin birçoğunun vefatı, birçoğunun iyice yaşlanmış olması, kendisinin de gücüne güç katmayı garantili saydığı bir dönemde yattığı pusudan kalktı; öncekinden daha zalimce bir tavırla Risaleleri baştan sona sadeleştirip neşredeceğini ilan etti. Mevcut Ağabeylerin ne dediklerini ne de kendisine hitaben yazdıkları mektubu ne umursadı ne de kale aldı.

Neyse ki, 17-25 Aralık darbe teşebbüsleri sonrası, Devlet bu hain yapılanmanın kimleri ve niçin hedef haline getirdiğini anladı ve uyandı. Pek çok kurum ve kuruluşu bunların elinden kurtardığı gibi Risale-i Nur gibi büyük bir hazineyi de bunların elinden kurtardı. Risale-i Nur'un otantik metnini koruma ve denetleme yetkisini Diyanet Teşkilatı'na verdi. Bundan böyle Risale-i Nur'u neşretmek isteyenler onun orijinal metnine sadık kalarak neşredebileceklerdi.

Cemaatin basınla temasının ikinci ayağı bir gazete tecrübesiyle gerçekleşti. Halbuki Gülen, açıktan beyana dökmese de kapalı devre cemaat yapısı içinde o güne kadar Nur talebelerinin çıkarmakta olduğu Yeni Asya Gazetesi'ne karşı muhalif bir tutum sergiledi. Cemaate ait evlere gazete girmesi yasaktı; Cemaat üyesi kişilerin dışarıda dahi gazete okuması onların Cemaatle ilişkilerinin kesilmesine kadar varabilecek cezalar almalarına yeterli suçlar cümlesindendi.

Gülen bu karşı tavrını Yeni Asya Gazetesi'nin sürdürmekte olduğu siyasi tutumuyla ilişkilendiriyor, Nur talebelerinin bir siyasi partiyi bu kadar açıktan iltizam etmesini doğru bulmadığını söylüyordu. Nasıl olur da Üstadın talebelerinden biri gidip, mason hatta deccal sayılabilecek biriyle, Demirel'le görüşürdü. Ona göre bu, Nur talebesi olmanın izzet ve şerefini ayaklar altına almak demekti.

Elbette Gülen'in bu muhalefet tavrı, daha sonra imkan bulduğunda dediklerini bir bir kendisi işlevsiz kıldığına göre, topluluğa yansıttığı gerekçelere dayalı bir tavır değildi. Esas mesele, Gülen'in diğer Nur talebeleri tarafından dışlanmış olması ve Yeni Asya Gazetesi'ne müdahale inisiyatifinden mahrum bulunuşuydu. Nitekim bir gazete çıkarma gücüne ulaştığında Gülen bu fırsatı hemen değerlendirecek; kendisinde psikolojik saplantı haline gelmiş gazete yönetme isteğini bol bol kullanacaktı.

Aslında, Zaman Gazetesi'ni çıkarma hususunda hem yetişmiş insan açısından hem de finansal açıdan Cemaat tam hazırlıklı değildi. Bu açıdan meseleye erken yakalanıldı. Ayrıca ev, yurt, okul ve diğer eğitim müesseselerinde olduğu şekliyle Gülen gazete meselesini istenen ölçüde tabana yayamadı. Gülen'in kendi ifadesiyle söyleyecek olursak, gazeteciliğin kendi tabiatında var olan menfi bazı hususlar sebebiyle de aslında biraz da endişeliydi. Gülen endişe duyduğu bu menfi hususları şöyle dillendiriyordu:

"Gazete siyaset demektir. Halbuki biz, senelerce, siyasetle alakamız yok diye, arkadaşlarımızın adeta beyinlerini yıkamıştık. Gazete ilk defa Fransa'da Jurnal diye çıkmış. Jurnal çekiştirme demek. Yani gazeteciliğin temeli jurnal'ciliğe dayanır.

Gazetecilik temelde habercilik, yorumculuk demektir ama haberi de abartarak, manipüle ederek vermektir. Mesela bugün Özbekistan'la alakalı haberin hiçbir hakikat yanı yok. Bunu haber yapan gazete sahibiyle görüştüm. 'Biz de aslı astarı olmadığını biliyoruz ama canına yanayım gazetecilik böyle gidiyor işte' dedi. Bu, gazeteciliğin maalesef temel özelliği... Sansasyona açık, meseleleri büyütmeye açık. Çocukluk yıllarımda –böyle şeyleri söylemem yakışıksız olacaksa mazur görün– Kirk Douglas'ın bir filminde arabayla giderken yanındaki arkadaşına anlatıyor: New York'ta 5-10 tane insanı yutacak büyüklükte canavar meydana gelmiş. Soluk alırken insanlar saman çöpü gibi ağzından içeri giriyor. Adamda renk beniz atıyor. 'Bunlardan bir tanesi kaybolmuş, nerede olduğunu tahmin edersin' diyor? Diyor ki: 'Nerede olsa görünür. Kocaman bir canavar bu.' O da diyor ki: 'O kaybolan canavar şu anda bu arabanın kontağının içinde'. 'O kadar büyük canavar nasıl girdi oraya?' diye sorunca 'Ee gazeteci sokar' diyor.

İşte gazeteciliğin maalesef bir yanı budur. Biz arkadaşlara burs verirdik; New York Times, Le Figaro, The Sun gazetelerinde uzmanlık yaparlar, gelirlerdi ve gazetecilik yaparlardı. Fakat bizim gazeteciliğimizde haberler kaynağından doğru gelecekti. Dünya haber ağına girip kirlenip ayrı bir şekilde girip bizim gazetemize akmaması lazımdı. Yorumların bize göre olması lazımdı. Gazetenin

İslam dünyasının aleyhine intikal etmemesi lazımdı. Sansasyona girilmemesi lazımdı. İnsanların suçsuz yargılanmaması lazımdı. Şimdi başka bir tür gazetecilikte gazetecilik öğrenerek gazetecilik yapmak isteyenler bizim gazetemizde öğrendikleri türden gazetecilik yaparlarsa şayet bunların hepsi yapılacaktı. Bu açıdan da biz başka gazetelerde uzmanlaşmış insanları almak istemedik. Bizim arkadaşlar kötülük yapan gazeteciliği bilmiyorlardı. O zaman bizim anladığımız manada gazetecilik öğrenecekti, gazetecilik yapacaktı; habercilik, yorumculuk, değerlendirme öğrenecekti. Dünyayı tanıyacaktı. Bu açıdan arkadaşlarımız gazetede çok başarılı olamadılar. Bu yer yer bende hafakan meydana getirebilir. Ama bu gayet tabiiydi çünkü bizim için bir ihtisaslaşma okulu yoktu. Basın-yayın vardı ama hangi ve kimin kriterine göre vardı?

Bunlar Batı basın-yayınına göre öğreniyorlardıysa şayet bizde gazetecilik yapamazdı bu arkadaşlar ve hala bizim arkadaşlarımızdır. Bunlar yapılıyorsa bunu yüzlerine gözlerine bulaştırdıklarına şüphe yoktur. Şimdi bir taraftan bunları düşünüyorsun. Bunlar menşe itibariyle Batı kriterlerine göre gazeteciliğin öğrenildiği bir ocaktan öğrenmişler diyorsun ve hafakanlarını tadil ediyorsun. Fakat diğer taraftan tıpkı ehl-i dünya, ehl-i gaflet, ehl-i dalalet gibi, ehl-i küfür gibi, dünya gazeteciliği, haberciliği gibi meselelerin yoruma tabi tutulması, o havuzun içine akması, değerlendirilmesi, gazetenin sayfalarında şekillenmesini görünce her gün bir kere çıldırıyorsun. Nerede benim felsefem ve düşünceme göre gazetecilik diyorsun. Bu merhale zor aşılır. Siz yeniden bir gazetecilik icat edeceksiniz. Sizdeki gazetecilik okulunda okuyan insanlar sizin şu hoşgörü ve diyalog felsefenize, insanlık ve mürüvvet telakkinize, İslami kriterinize göre ne düşünülebilir, ne yazabilirler, ne de çizilebilirler. Bunu siz 'Bismillah' deyip yeniden başlatacaksınız. Sütunlarınızı alacaksınız. Ayıplarını, hatalarını sadrınızda, sinenizde eriteceksiniz. Ayıpsız ve kusursuz gazeteye intikal eden şeylere cevaz vereceksiniz. Teker teker yanlışların başını kırarak yanlışları tespit edip eleyerek doğruya ulaşacaksınız. Bu da bana göre ancak bir çeyrek asırda olabilir.

Zaman Gazetesi'ni ilk başta bazı ortaklarla kurduk. Sonra bir elenme yaşandı, onlar elendiler. Ortaklarımız üç yüz milyon borcu olan gazeteyi bize sattılar. Aslında yok satılmazdı. Müslümanız, radikaliz dediler ama, İslam'da yok satılmaz, haramdır, fakat onlar bize gayr-i mevcudu sattılar. Borcu bir senede ancak ödedik. Bunu da burada ifadede fayda mülahaza ediyorum.

Bakın size bu konudaki hülyalarımı da anlatayım: Acaba, Hürriyeti, Milliyeti alabilir miyiz, diye çok düşündüm. Gazeteler el değiştirirken, gazeteleri alan koca patronları görünce de vazgeçmişimdir. Gazetelerin fiyatlarını öğrenince Jules Verne gibi düşünmüş ve arkadaşların böyle bir seyahate, deniz altında 20 bin fersah yolculuğa hazır olmadıklarını düşünmüşümdür. Biz de ne zaman denizaltında 20 bin fersaha ulaşırsak inşallah falan demiş, pusuya yatmış beklemişimdir. Acaba hangisi sarsıntı geçiriyor? Tercüman satılırken onu bile düşünmüşümdür. Ama fiyatlar o kadar astronomik, o kadar fahiş ki, on senede o borcu ödeyemeyiz, diye ben o sevdadan vazgeçmişimdir."

Bu kadar olumsuz özelliklerine rağmen Gülen'i gazete çıkarmaya sevk eden asıl itici güç neydi? Gülen bu itici gücü imamlar çerçevesinde yaptığı özel toplantı ve görüşmelerde, basının hasma karşı kullanılacak en güçlü silah olması gerekçesine bağlıyordu. İlk günlerde yüz bin tirajlı gazete bütün güç dengelerini bizim lehimize çevirir diyerek motive işine başladı. Gün geçtikçe lazım olan tirajın rakamı da arttı. Sonunda bir milyon ve üstünde karar kılındı. Abone usulü, Sızıntı Dergisi'nden sonra Zaman Gazetesi için de çalıştırıldı.

Abone kampanyaları yapıldı. İnsanlar onlarca, yüzlerce, binlerce gazete almaya zorlandı; parası zenginlerden alınan bu gazeteler başkalarına bedava dağıtıldı; bazen de balya hiç açılmadan gazeteler yumurta kolisi yapılmak üzere fabrikalara gönderildi. Ama resmi rakamlar gazetenin tirajını satışa göre belirliyordu. Normalde gazetenin okunma oranı satış rakamının onda biri bile değildi. Fakat Gülen dediği gibi hasmına karşı kullanacağı en güçlü silahı elde etmişti; artık hasım kim olursa bu silah ona yönelecekti.

Gülen sadece gazete patronu olmakla yetinecek fıtratta bir insan değildir. O'nun müdahaleci karakteri O'nu aynı zamanda gazetenin yayın yönetmeni olmaya da zorluyordu. Ve öyle de oldu. Gülen ne Amerika'ya gitmeden önce ne de gittikten sonra Zaman Gazetesi'nin yayın yönetmenliğini fiili olarak kimseye bırakmadı; bırakma hususunda en küçük bir imada bile bulunmadı.

Abdullah Aymaz yayın yönetmeniydi; fakat Gülen bu işi benim yapmamı istiyordu. Abdullah Aymaz'ın zaaf denecek ölçüde Gazeteye olan düşkünlüğünü bildiğimden ben Gülen'in tekliflerine hep mesafeli durdum. Aymaz'a karşı ciddi muhabbetim, aşırı denecek ölçüde hüsnü zannım vardı. Bir gün kendisine Gazete'deki görevine son verilirse üzülüp üzülmeyeceğini sormuştum. Bana, herhalde o gün ölürüm, demişti. Bunu bildiğim için de O'nun gazeteden alınmasına gönlüm razı değildi. Fakat Gülen'in ısrarı da artıyor, azalmıyordu. Bir gün bulunduğu yerdeki kaldığım odaya geldi. Kimse de yoktu. Bana, hayatta hiç kimseye demediğim şeyi diyorum, sana yalvarıyorum şu gazetenin başına geç, dedi. Bu ifade artık bir teklif değil, emirdi. Olur, dedim. Gülen, Aymaz'ı Avusturalya'ya gönderdi; beni de geçici olarak Yayın Yönetmenliği'ne getirdi. Aymaz'a en az üç ay orada kal diye tembihte bulunmayı da ihmal etmedi.

Ben gazeteye gidip gelmeye başladım; Aymaz da Avusturalya'ya gitti. Fakat bir ay bile kalmadan geri döndü. Her gün gazeteye uğruyor, misafirim oluyordu. İç infiallerini biliyor, seziyor; fakat bir şey de demiyordum. Bu arada Gülen'in patron olmakla yetinmeyeceğini tecrübi olarak öğrenmiş oldum. Bu iş bana göre değildi. Bazı bahaneler icat ederek Gülen'in beni gazeteden affetmesinin yolunu kolaylaştırdım. O da istediğimi yaptı. Geçici görevimden bu sayede kurtuldum.

Gazeteciler ve Yazarlar Vakfı'nın kuruluş yılındaydı. Eyüp Can, vakfın etkinlikleriyle alakalı benimle bir röportaj yapmış ve Zaman Gazetesi'nde yayınlanmıştı. Anlaşılan bu röportaj için Gülen'den izin alınmamıştı. Gülen gazeteyi alıp da benimle yapılan röportajı okuyunca küplere binmiş, öfkesinden çıldıracak hale gelmiş; yapacağı bir şey olmadığı için de elinde tuttuğu gazeteyi paramparça ederek çöpe atmış.

O gün toplantımız vardı. Ben de olayın hemen üzerine gitmişim. Arkadaşlardan biri hemen beni bilgilendirerek olaydan haberdar etti. Toplantıya katıldım; olanlardan habersiz gibi davrandım. Gülen de hiç renk vermedi.

Toplantıya ara verilince yanına yaklaştım; Eyüp Can vakfın etkinlikleriyle ilgili benimle bir görüşme yaptı; bugün de Gazete'de yayınlanmış. Fakat vakfın onursal başkanı olmanız hasebiyle bu görüşmenin aslında sizinle yapılması gerekirdi. Gazetedeki arkadaşlar cesaret edip size böyle bir teklifte bulunamamışlar. Lütfederseniz Eyüp Can sizinle uzun bir söyleşi yapsa, dedim. Gülen'in yüzünde güller açtı. Ertesi gün Eyüp Can'a başkaca bir şey demeden, böyle bir röportaj yapmasının çok faydalı olacağını söyledim. Fethullah Gülen'le Ufuk Turu ismiyle kitaplaşan röportaj böyle gerçekleşti. Aslında benim derdim Eyüp Can'ı Gülen'in hışmından kurtarmaktı. Öyle de oldu.

Özel televizyonlara izin çıkınca Gülen hemen bu olaya da el attı. Fakat Cemaat'in maddi imkanı henüz bir televizyon masrafını karşılayacak durumda değildi. Bu sebeple de önce başkalarıyla ortak bir proje düşünüldü. Gülen, normalde başkalarıyla ortak yapılacak işlere temelden olumsuz bakıyordu. Fakat imkansızlık O'nu buna razı etti.

O sıralarda Yücel Çakmaklı'nın öncülüğü ile gerçekleşmesi düşünülen bir televizyon gündemdeydi. Müslüman ve muhafazakar kesimde bu teşebbüs ciddi bir heyecan da uyarmıştı. Gülen o günlerde bizimle yaptığı görüşmelerde böylesi bir teşebbüsü desteklediğini söylüyordu; tabii ki bu destek kerhen yapılan bit destekti. Çünkü Gülen'in genel anlayışında bütünüyle hükmedemeyeceği yere destek olma gibi bir istisna hareket söz konusu değildir.

Enver Ören kendisini aradığında, ortak bir televizyon kurma teşebbüsünden bahseder; Gülen'i de aralarında görmek istediklerini söyler. Gülen işin içinde Yücel Çakmaklı'nın, Sabri Ülker'in olup olmadığını sorar, olumlu cevap alınca iştiraki kabul ettiğini, ancak yoğun bir çalışma içinde olduğu için bizzat toplantıya katılamayacağını ama Enver Bey'in kendisine vekalet verdiğini, ne derse kabulü olduğunu söyler. Oradan bir sonuç çıkmaz. Kısa bir süre sonra TGRT'nin yayın hayatına geçeceği duyulur. Gülen devre dışı bırakıldığına biraz içerlerse de bunu mesele etmez; çalışmaları hızlandırır ve Samanyolu'nun kurulmasına karar verilir.

Gülen böylece gazete patronluğundan medya patronluğuna sıçrama yapar. Ama O'nun yayın yönetmeni olma tutkusu televizyonda da devam eder.

Gazetenin manşeti, alt manşetleri, bazı köşe yazarlarının özel değerlendirmeleri O'na sorulup ondan sonra yayınlanma şansına sahip olduğu gibi, Samanyolu televizyonunun bütün program ve yayınları da O'na sorularak yapılır. Programlara davet edilecek isimler birkaç gün öncesinden liste halinde O'na sunulur, O da tercih ettikleri isimleri işaretleyerek davet edilecek isimleri onaylamış olur. Tartışma programlarının konularını dahi O tespit eder. Hatta gösterilecek filmlerin montajlanmış hali önce kendisine arz edilir, O'ndan olumlu cevap gelirse yayınlanır. Bütün dizi filmler senaryo aşamasından çekimlerine kadar en ince teferruatına kadar önce O'nun denetiminden geçer, sonra gösterime girer. Hem gazeteye hem televizyona alınacak sıradan personeller dahi Gülen'e bildirilmeden tayin edilemezler.

Zaten yönetici kadronun O'nun onayını almadan tayini imkansızdır. Gülen bütün bu şartları tavizsiz uygulayacakları iş başına getirir; sadakatleri devam ettiği sürece de bu yöneticilerin görev süresi devam eder.

Cemaate ait televizyon binasının (STV) son katında toplantıdayız. Gündem, televizyona alınması tasarlanan bazı teknik aletlerle alakalı... Toplantının sonuna doğruydu, televizyonun genel müdürü arkadaşımız, biraz tedirgin, biraz çekingen, biraz mahcup: "Efendim, son haftalarda vaazlarınızı yayınlıyoruz. Bazı çevrelerden, bu vaazların televizyonda yayınlanmasıyla ilgili eleştiriler alıyoruz..." Daha arkadaşımız, bu hususta ne buyurursunuz, demeye fırsat bulamadan bir fırtına koptu; Gülen hakaret dolu sözlerle bağırarak önündeki sehpanın üzerinde duran içi dolu büyükçe su bardağını kaptığı gibi arkadaşın yüzüne fırlattı; kıl payı farkla bardak başına isabet etmedi. O kalktı, hepimiz kalktık. Biz vasıtalarımıza binerken, Genel Müdür arkadaşımıza da bir ulak gönderildi: Vazifesine son verilmişti.

Ertuğrul Düzdağ, Cuma günü İstanbul camilerinden birine gider. Vaiz, ne dediği anlaşılmayacak ölçüde Türkçesi kötü biridir. Bu durumu Zaman Gazetesi'ndeki köşesine taşır; Diyanet Başkanlığı'nın dikkatini çeker. Gülen, kastın kendisi olduğu kanaatindedir. Ertuğrul Düzdağ kastının başkası olduğunu söylese de kimseyi inandıramaz. İnananlar da zaten aksi beyanda bulunamazlar. Sonuç bellidir: Bu usta yazarın da işine o gün son verilir...

Belki içinizde o reklam filmini seyredenler olmuştur: Mehmet Barlas nasıl bir gazete arzuladığını anlatır. Bunun üzerine Fehmi Koru: Öyleyse aramıza hoş geldin, der. Daha bir ay geçmeden, hükümeti eleştirdiği için Mehmet Barlas gazeteden ayrılmak zorunda kalır.

Aralarında Taha Akyol, Yalçın Doğan gibi ünlü isimlerin de bulunduğu kalabalık bir grup gazeteciyle sohbet ediliyordu. Sohbetin tam ortasında, tamamen münasebetsiz bir zamanda yardımcısı konumundaki Cevdet, Gülen'e, bir kağıt uzattı. Konuklardan özür dileyerek, kağıdı eline aldı, yakasında mikrofon olduğu için herkesin duyacağı şekilde, özellikle herkese duyurmak istercesine gazeteye manşet vermesi gerektiğini söyledi. Gazeteci konukların şaşkın bakışları içinde, tercih ettiği manşet ve birinci sayfa haberlerini işaretledi; ayakta bekleyen Cevdet'e sayfayı geri verdi. Konuklardan birisi, bu kadar müdahale ettiğinizi bilmiyorduk, dese de o hiç oralı olmadı; gazeteci konuklarına vermek istediği mesajı vermiş bulunduğundan dolayı da gayet memnundu.

Biraz da kendimden anlatayım: Gülen'i ziyarete gitmiştim. Odasındaydı. Misafirler için kullanılan odada oturuyordum. Odadaki faks cihazı çalışmaya başladı. Faks gazeteden çekiliyordu. Baktım, benim yarınki yazım faks ediliyor... Sekreter hata ile gönderdi sandım. Akşamüstü, aynı yere uğrayan gazetenin yayın yönetmeni Abdullah Aymaz'a durumu anlatınca güldü; senin her yazını önce kendisi okuyor, sonra yayınlıyoruz, dedi.

Amerika'ya gittikten sonra da benim yazılarımın bu mutat üzere yayınlandığını artık biliyordum. Bir gün, ihya ve tecdit hareketinin cemaat mantığıyla gerçekleşmesinin imkansızlığını ifade eden bir yazı yazdım. Yazım yayınlanmadı. Tabii ki bir daha benden yazı isteyen de olmadı.

Aramızın soğuk olduğu bir dönemdeydi. Kendisi yine Amerika'daydı. Marmara depreminin acı kayıplarıyla hepimiz yastaydık. Engin Noyan, kader konusunu işlemek üzere beni programına davet etti. Sonucu bildiğim halde, durumu kendisine izah etmemin imkansızlığından dolayı davetini kabul ettim. Yayın günü, sabah gazetede reklamımı görünce şaşırdım. Öğle vakti, televizyonun o günkü genel müdürü Naci Tosun telefonla aradı; programın iptal edildiğini bildirdi. Akşam televizyonu açtığımda, Engin Noyan konuşuyordu. Bir müddet sonra, canlı yayında benim adımı vererek, trafiğe takıldığını söylediler; ama herhalde şu dakikalarda ulaşmak üzeredir, kendisiyle kader konusunu enine boyuna konuşacağız, dedi. İşte o zaman donup kaldım. Okyanus ötesi müdahalenin bu kadar onursuz hale dönüşeceğini cidden beklemiyordum.

PARALEL DEVLET YAPILANMASINA DOĞRU

Devlete ait kurum ve kuruluşlara girme faaliyetinin kronolojik tarafını Gülen'den başkasının bilmesi mümkün değildir. Fakat ben, kategorik bir ayırım yapılarak ve sıraya göre tanzim edilmiş bir öncelik sonralık olduğunu sanmıyorum. Devlet kurum ve kuruluşlarıyla ilk temas, o gün yetişmiş olan cemaat üyelerinin durumuyla da doğrudan irtibatlıdır.

İlk kadro, İmam Hatip ve İlahiyat menşeli olduğundan ilk devlet kurumlarına giriş de bu alanlarda olmuştur. Yani Diyanet Teşkilatı'na girilmiş; meşguliyet adına bağlayıcılığı en az olduğundan dolayı da vaizlik tercih edilmiştir. Vaizlik çok yönlü önem atfedilen bir görev olması yönüyle de tercihte hep öncülüğü korumuştur. Vaizlik yönü zayıf olanlar ise Milli Eğitim'e kaydırılmış, Din ve Ahlak Dersi Öğretmeni olmaları yeğlenmiştir.

Diğer branşlarda yetişenler ise öncelikli tercihlerini Milli Eğitim'den yana kullanmışlar ve öğretmen olarak görev yapmışlardır. Bu tercih önceliği uzun yıllar önemini korumuş; ancak akademik kariyer yapma imkanı olanlar istisna tutularak üniversitelere kaydırılmıştır. Bu arada sağlık alanında da oldukça mesafe kat edilmiş, yetişen doktorlar bulundukları hastane ve kurumlarda ekseriyeti elde edecek duruma gelmiştir. Aynı yıllarda, siyasal fakültelerine yönlendirilen cemaat üyeleri yavaş yavaş kaymakam olmaya başlamışlar; daha sonra bunlardan pek çoğu valiliğe de yükselmiştir. Yargıya girişler de aynı dönemlerin eseridir. Hukuk fakültesi mezunlarının özellikle savcı ve hakim olmaları istenmiş ve bu konuda yoğun çalışmalar yapılmıştır.

Cemaatte bir ünite haline gelmesi bir müddet sonra olsa da önem sırasında başladığı günden itibaren en önemli kabul edilen alan askeri hizmetlerdir. Hem bu kuruma girecek öğrencilerin seçimi, hem de onların birer hizmet elemanı olarak varlıklarını sürdürmesi çok hassas bir konu olduğundan bu alandaki hizmet özel bir yapılanmayı da gerektirmiştir. Cemaat içinde bu çalışma alanı tamamen kapalı bir alan olarak kalmış; bir başkasının bu alanla ilgili bilgiye ulaşmasına veya pratiğe yanaşmasına asla izin ve fırsat verilmemiştir. Askeri hizmetlerle ilgili mahremiyet boyutu sadece bununla da sınırlı kalmamış, aynı alanda çalışanların da birbirini bilip tanımamasına ciddi özen gösterilmiştir. Bu mahremiyet disiplini, hem askeri cenahta hem de onlara hizmet veren siviller ayağında hep korunmuştur. Geneli bilme ise sadece Gülen'e özgü bir ayrıcalık olarak kalmıştır. Daha sonraki yıllarda bu hassasiyet o kadar artmıştır ki, bir askere bir sivil bakmış, her askeri talebe ve personel için, hizmet adına görüşmelerin yapılabileceği birer ev tahsis edilmiştir.

Askeriyeden sonra kendisine en çok önem atfedilen kurum ise emniyet teşkilatıdır. Devlet tarafından, diğer üniversitelerden mezun olanların da emniyete girmeleri onaylanınca, özellikle ilk dönemde Cemaat üyelerinden bütün üniversite mezunlarının ilk tercihi emniyete girmek olmuştur.

Cemaat, ANAP Hükümeti döneminde Başbakan, Bakan seviyesinde gördüğü destek sebebiyle emniyet teşkilatına girmekte hiç zorlanmadı. Hatta büyük teşvikler de gördü. Yetkililere listeler verildi; bu listeler hiç itiraz edilmeden kabullenildi. Sağlık raporuyla ilgili engelleri aşmada zaten cemaati zorlayacak bir durum yoktu. Devlet hastanelerinde görev yapan cemaat mensubu doktorlar bu işi seve seve bir görev şuuru içinde hallediyorlardı.

Önceleri çok da tedbire riayet edilmeden yapılan bu çalışmalar, Cemaat yapısında önemli bir ünite konumuna gelince mahrem hizmetlere dönüştürüldü. Ünite önce rütbeliler-rütbesizler olmak üzere ikiye taksim edildi. Her ikisinin başına birbirinin işlerine müdahale etmemek şartıyla iki ayrı imam görevlendirildi. Daha sonraları statü belirlemelerine de gidildi; fakat siville irtibatları askeriyeye göre daha çok olduğundan mahremiyetlerinin korunması konusunda daha esnek davranıldı. Hem rütbesiz polislerin hem de rütbelilerin kendi aralarında yaptıkları sohbetler sayıca fazla tutulabiliyordu. Bu sebeple de birbirlerini tanıma imkanı da oluyordu. Askeriyede ise böylesi esnekliğe asla fırsat verilmedi.

Emniyet hizmetlerinde öncelik istihbarat birimlerini ele geçirmeye verildi. Eleman sayısı arttıkça merkez teşkilatın ele geçirilmesi için çalışmalar yoğunlaştırıldı. Rütbeli polislere önem atfettikçe teşkilata girişlere rağbet arttı. Bu durum ortanın üstünde istidat ve kabiliyetlerin emniyet teşkilatına girmesine sebep oldu. Bu da hem teşkilatın keyfiyet bakımından kalitesini artırdı; hem de teşkilatın Cemaatin tekeline girmesiyle sonuçlandı. Cemaatten olmayan polislerin mümkün mertebe terfileri engellendi; engellenemeyenler de pasif görevlere kaydırıldı.

Polisin kelime anlamı kent devleti demektir. Bundan ilham alan Cemaat, emniyet teşkilatını ele geçirmiş bulunmanın doğrudan devleti ele geçirmiş bulunmak olacağını çok iyi biliyordu. Karşılarında birlikte hareket eden bir alternatif de yoktu. Ak Parti döneminde, özellikle İdris Naim Şahin'in İçişleri Bakanı olduğu süreçte Cemaat, il-ilçe emniyet müdürlüklerinin hemen hemen hepsini ele geçirdi. Teşkilat bünyesinde Cemaat üyesi polislerin bulunmadığı hiçbir birim kalmadı.

Cemaatin emniyet İmamı, doğrudan icranın içindeydi. Fiili yetkisi, Emniyet Genel Müdürü'nün de, İç İşleri Bakanı'nın da ötesindeydi. Terfiler onun emriyle gerçekleşiyor, tayinler onun emriyle yapılıyordu. Elbette o da bütün bunları en küçük teferruatına kadar Gülen'e sorup öyle yapıyordu. Son dönemlerde artık Emniyet İmamı, Gülen'in yanında geçiş üstünlüğü bulunan en önemli kişiydi. Gülen'le görüşmesi için randevu alması gerekmiyordu. Telefon açtığında da en kısa sürede kendisine dönüş yapılıyordu.

Harun Tokak'ın Gazeteciler ve Yazarlar Vakfı Başkanı olduğu, benim de danışman olarak vakfa gidip geldiğim bir süreçteydi. Gülen'e iletilmesini istediğim bazı konuları Tokak'la paylaştım. O da bana, seni birisiyle görüştüreyim, bu konuları O'na anlat. Bu arkadaş yakında Amerika'ya gidecek, dedi. Arkasından bu kişinin Gülen'le teklifsiz, özel odasında görüştüğünü söyledi. Bu ifadeyle görüştüreceği kişinin önemine atıfta bulunmuş oluyordu.

Beni, Samanyolu TV'ye ait bir araç evimden aldı. İlk kararlaştırdığımız adresin yanından geçerken şoföre, görüşmeyi burada yapacaktık, dedim. O, son anda bir değişiklik olmuş efendim, dedi. İşi anladım. Tokak tedbir yapıyordu. Sonra Üsküdar'da bir yere geldik. Şoför, efendim şu duran araç sizi bekliyor, dedi. O araca geçtim. Bu araç beni bir lokantaya götürdü. Orada da bir başka araç bekliyordu. Tekrar o araca bindim ve nihayet görüşeceğimiz yere gelmiş oldum.

Harun'un benimle görüştüreceğini söylediği kişi Osman Hilmi ismiyle bildiğim bir gençti. İstanbul'da FEM dershanelerinde rehber öğretmenlik yaptığı zamandan beri tanıdığım birisi. Bununla görüşmek için niye bu kadar tedbire başvurulduğunu doğrusu anlayamadım. Biraz da Harun'un işgüzarlığına verdim. Neyse konuşacaklarımızı konuştuk; o da edep çerçevesinde bana soracaklarını sordu, cevaplandırdım.

Emniyet İmamı'nın Kozanlı Ömer takma adını kullanan birisi olduğunu biliyordum da Kozanlı'nın, tanıdığım Osman olduğunu basında fotoğrafını görünce öğrendim.

Burada bu anıya yer verişimin sebebi, Gülen'le ilgili bir teamüle dikkatinizi çekmek içindir. Gülen, kendisiyle teklifsiz, randevusuz ve özel odasında görüşme ayrıcalığını ancak çok önemli işlerin görüşülmesi sürecinde verir. Sadece bir kişinin herhangi bir kurumun -bu Emniyet bile olsa- başındaki insana bu imtiyaz tanınmaz. Osman Hilmi'ye bu imtiyaz hangi gerekçe ile verilmiştir. Yani Emniyet'te o dönemlerde ne gibi operasyonlar yapılmakta veya yapılma hazırlığındadır? Bu soruya verilecek cevap, söz konusu anıyı da önemli kılacaktır. Bu olay gerçekleştiğinde yıl 2007'dir. Yani Ergenekon davasının hazırlık yılıdır.

Diğer bürokratik kurum ve kuruluşlar da mühmel bırakılmamış; nerede zafiyet varsa, her sene birisi takviye edilerek tercihler o tarafa yönlendirilmiştir.

Bu dikey büyüme devam ettiği sürece de, o kurumlara eleman alma inisiyatifi rahatlıkla Cemaatin eline geçmiş; yetkiyi ele geçirenlerin tercihi de kuşkusuz hiçbir liyakat ölçüsüne bakılmaksızın hep Cemaat üyelerinden yana olmuş ve bu döngü hep böyle devam etmiştir. Elli sene sonunda denilebilir ki, siyasi alan dışında devlet yapısı büyük çoğunluğu itibariyle ele geçirilmiştir.

FİNANS KAYNAĞI

İslam'ın infak emrini Gülen ve Cemaat çok iyi kullandı, çok iyi devreye soktu. Daha önceleri Müslümanlar bu tür cemaatlere yardımda bulunurken, sadaka kabilinden çok cüzi yardımda bulunurdu. Talepler bire bir yapılır, kişi de o anda gönlünden ne geçiyorsa o kadar verirdi. Bu da bir makbuzla belirlenir; alan da veren de razı bir şekilde yardım işi noktalanırdı.

Halbuki Gülen öyle yapmadı. Peygamberimizin Tebuk Seferi için yaptığı infak talebinden de esinlenerek, yardım yapabilecek güçteki insanlar bir araya toplanıldı; Gülen onlara önce konunun mahiyetini anlattı, yardımlaşmayla ilgili ayet ve hadisleri yorumladı; sahabe hayatından örnekler verdi. Özellikle anlatılan örnekler gaye ve maksat birlikteliği nazara verilerek, içinde bulunulan zaman ve şartlarla özleştirildi; muhatap kitleye sahabenin izdüşümünde bir toplum oldukları telkin edildi. Bu toplantıların adına da himmet toplantısı adı verildi. Tamamen duygusal yapılan bu konuşmalarla insanlar birbiriyle yarıştırıldı.

Daha sonra himmet toplantıları hem yaygınlaştırıldı hem sistemleştirildi.

En zenginlerin katılacağı himmet toplantılarına Gülen iştirak etse de diğerlerinde konuşmacı olarak başkaları katıldı. Fakat içerik ve üslup hep aynı kaldı.

Bu himmet toplantılarında psikolojik baskılar da yapılıyor ve bunun adına teşvik deniliyordu. Birçok esnaf ve iş adamı çevresinin psikolojik baskısı sebebiyle esas vermeye niyetlendiği miktarın çok üzerinde infakta bulunmaya zorlanıyordu. Bazıları da nasıl olsa baskı yapılacak diye ilk verdiği rakamı aşağı tutuyor, baskı artarsa o da miktarı yükseltiyordu. Bu minval üzere himmet toplantıları git gide adeta bir seremoniye dönüştü.

Önceleri vaatte bulunan kişi ne pahasına olursa olsun, vaat borç gibidir diyerek vaadini ödüyordu. Hatta evini, arabasını satarak vaat ettiği miktarı ödeyen esnafı biliyorum. Fakat daha sonraları kendisi bir kuruş vermeden himmet toplantılarında teşvikçilik yapan, en üst seviyede himmetler vaat edip insanları coşturan himmet cazgırları türedi. İşin ihlas ve samimiyeti kayboldu.

Cemaatin gücü çok yönlü arttıkça ihtiyaçları, giderleri de o nispette arttı; mevcut himmet toplantılarıyla bu giderlerin karşılanması mümkün olmaz hale geldi. Gerçi toplanan himmetler de korkunç meblağlara ulaşmıştı. Burs himmetleri, dış burs himmetleri, kurban himmetleri, genel himmetler hep ayrı ayrı yapılıyor; bunların hepsinde de astronomik denecek miktarlar toplanıyordu. İstanbul'da toplanan himmetlerden birini örnek verecek olursak, diyelim ki beş yüz kişilik bir toplantı yapılıyor. Konuşmacı konuşmasını tamamladıktan sonra, himmet toplayacak tüccar, esnaf ayağa kalkıyor ve topluluğa, arkadaşlar kolaylık olması bakımından, on milyon ve üstünde verecekler şu tarafa, beşten ona kadar verecekler şu tarafa diyerek verilecek miktara göre salonu bölümlere ayırıyordu. Bu orada bulunanlara da emsal teşkil ediyor, bu sene beş vermiş insan gelecek sene on ve üstünde vereceklerin arasına girmek için adeta zamanla yarışıyordu. Çünkü, verdiği miktar ölçüsünde de Cemaat içinde itibar görüyor, sözü o oranda dinlenir oluyordu. Tabii bu arada çıkar ilişkileri söz konusu olduğunda onlara öncelik tanınıyordu.

İşte bu son nokta, yani çıkar ilişkileri meselesinin devreye girmesiyle himmet toplamanın boyutları da değişmiş oldu.

Evvela, Cemaatin basın, eğitim, maliye, emniyet ve yargıdaki gücünü gören esnaf ve iş adamları, himmet adı altında gizli rüşvetler vermeye başladılar; karşılığında bahsi geçen alanlardaki işlerini gördürdüler. İkincisi, Cemaat üyelerinin himmet müracaatında bulunduğu halde istenen ölçüde devreye girmeyen esnaf ve iş adamlarına karşı ise sırasıyla, Cemaate mensup maliye, emniyet ve yargı üyeleri devreye sokuldu. Hangi kademede işi yoluna koydularsa o seviyede himmet adı altında onlardan haraç alındı. Üçüncüsü, büyük iş adamlarından, yargıda, maliyede problemi olanlar seviyesine göre ya doğrudan Gülen'e ya da bulunduğu ilin imamına müracaat etti, yardım istedi. Yapılan yardımı onlar da karşılıksız bırakmadı, himmet adı altında bedel ödediler.

Gelir kaynaklarının çoğalması, çeşitlenmesi, Cemaati akla hayale gelmeyecek oranda pahalı projelere yönlendirdi. Bu harcamaları karşılamak üzere ise, şantaj, montaj denilen kasetler devreye sokuldu; himmet adı altında soygunlar yapıldı.

Bir de bu arada, sayıları yüz binlere varan Cemaat üyesi ya da sempatizanı işçi, memur ve üst düzey bürokratlardan himmet adı altında alınan zorunlu kesintiler var ki, kaleme vurulduğunda bunların da oldukça yüklü meblağlar olduğu görülür.

Gülen'i Amerika'da ziyaret ettiğim günlerden birinde, Türkiye'de basın Cemaatin mali yapısını gündeme getirmişti. Gülen bunlarla ilgili yaptığı sohbetin sonunda, biraz da müstehzi bir tavır içinde, bütün toplanan himmetleri saysınlar bakalım, hizmetin harcamalarının onda birine tekabül ediyor mu, dedi. Ben ve orada bulunanlar, Gülen'in bu ifadesini Cemaatin mazhar olduğu ilahi bereket şeklinde yorumladık. Bugün bu saf yoruma gülerek, o güne kadar bilmediğimiz başka örtülü gelir kaynaklarının varlığını da himmet kalemi olarak eklememiz gerekir, sanırım.

GÜLEN ve SİYASET

Bediüzzaman Hazretleri, siyaseti terk ederek bir hareket başlattı. Daha önceleri siyaset yoluyla İslam'a hizmet etmeyi denemiş; fakat yaşadığı tecrübeler, özellikle de Cumhuriyetin kuruluşundan sonra, saf ve duru bir şekilde iman ve Kur'an hizmetine siyaset yoluyla devam edebilmesinin imkansızlığını ona göstermişti. O da siyaseti tamamen terk ederek hizmette yeni bir çığır başlattı. Verdiği kararın ne kadar isabetli olduğunu da daha sonra yaşananların bütünü tasdik etti.

Bediüzzaman'a siyaseti terk ettiren iki temel esas vardır. Birincisi, siyasi tarafgirliğin bütün değerlerin önüne geçmesi, böylece bir insanın her türlü adalet ve insaf ölçüsünü bir tarafa atarak, karşısındaki insanı taraftarı olduğu siyasi görüşün endazesiyle değerlendirmesi: Kendine taraftar olan şeytan gibi bir insan O'nun nazarında melek, melek gibi bir muhalif ise en amansız düşmandır. İkinci sebep ise, siyasetin dışa bağımlı, dış güçlerin kontrolünde bir alan olduğunu bilmiş olması.

Gülen'de siyasi bilincin ilk nüveleri, ilk gençlik yıllarındaki o gün için ortanın solunu temsil eden CHP ile temasla başlar. Belki bu temas belli yönlendirme ya da bilinçli bir taleple olmamıştır; fakat Gülen'in sol zihniyetli siyasi düşünceleri gayr-i şuuri diyebileceğimiz bir yolla benimsemesine, kabullenmesine zemin hazırlamıştır. O'nun Bülent Ecevit'le buluştuğu ortak paydalarda, 17- 25 Aralık darbe girişiminden sonra CHP, HDP gibi partilerle belli bir siyasi çizgide buluşmuş bulunmasında gençlik yıllarına ait yaşadığı siyasi temasın insiyaklarını görmek hiç de zor değildir. Bu teması kendisi şöyle anlatmaktadır:

"Amcam muhtardı. CHP'liydi. Bir iki toplantılarına götürdü beni. Haram mı bilmem ama birkaç defa yemeklerini yedim.

İsmet İnönü Erzurum'a gelmişti (Yıl 1957). Bütün mahallelerdeki çocuklar taşladı O'nu. Bazıları da karşılamaya gittiler. Ben de kamyona binip gezelim diye gittim. Buna, benim afacan çocukluğum içinde bakmak lazım. (Gülen dediği tarihte on dokuz yaşında, yani hiç de çocuk değil) Sonra turnikeye girdik. Ben İsmet Paşa'nın elini öptüm. Kurşunlu imamını da götürmüştüm. O döndü gitti. Ertesi gün Hocaya (Osman Bektaş) söylemiş. Hoca bana, elini kaç defa yıkadın, dedi."

Gülen, ilk dönemlerinde siyasete ve siyasi aktörlere uzak durduğunu, arasına bir mesafe koyduğunu söylüyor. O'nun siyasilerle ilk sıcak teması, başarıyla sonuçlanmış bir jurnalciliğin ardından geliyor. Adalet Partisi'nde, Demirel aleyhinde oynanan bir oyun vardır. Demirel devrilerek yerine Ferruh Bozbeyli getirilmek istenmektedir. Fakat bütün bu oyunlardan Demirel'in haberi yoktur. Gülen, kendi ifadesiyle merkez üssü Diyanet Teşkilatı olan bu büyük fitneden bir tanıdığı vasıtasıyla haberdar olur.

Hiç vakit kaybetmeden bu bilgiyi Demirel'e de yakınlığı ile bilinen bir üst bürokrata ulaştırır. Bu bilgi üzerine Demirel oyunu fark eder, bir karşı hamleyle fitneyi söndürür. Yani Gülen, Demirel'in bütün bir siyasi geleceğini bu jurnaliyle kurtarmış olur. Bu iyiliğini karşılıksız bırakmak istemeyen Demirel, aracılar vasıtasıyla Gülen'e üst seviyede bürokratlık hatta milletvekilliği teklif eder. Fakat Gülen gelen teklifleri geri çevirir.

Gülen'i biraz daha yakından tanımak adına bu konuyu detaylandırmakta fayda var: Gülen'in bahsettiği dönemde Diyanet İşleri Başkanı İbrahim Elmalılı'dır. İbrahim Elmalılı ile Diyanet İşleri Başkan yardımcısı Yaşar Tunagür arasında ciddi bir uyumsuzluk, ciddi bir geçimsizlik vardır. Elmalılı, Tunagür'ün kendi salahiyetini çok aşan tasarruflarından şikayetçidir. Yaşar Tunagür ise bu makama bizzat Demirel tarafından getirilmiştir. Hatta, önce Diyanet İşleri Başkanı yapılmak istenilmiş; fakat Tunagür'ün eğitim durumu buna müsait olmadığından başka bir yöntemle tam salahiyetli başkan yardımcısı yapılmıştır. Tunagür, dıştan din eğitimi alsa da resmi öğrenimi Tapu Kadastro Mektebi mezunudur. Lise mezunu olduğu için o dönemde müftü olabilmektedir. Yaşar Tunagür bu vesileyle önce İstanbul müftülüğüne tayin edilir; sonra da vekalet yoluyla Diyanet'te başkan yardımcılığında istihdam edilir. Fakat bütün tasarrufunda Diyanet Başkanı gibi hareket eder. Elmalılı bu durumu dönemin Diyanet'ten sorumlu Bakanı Refet Sezgin'e yazılı bir dilekçeyle bildirir. Fakat Refet Sezgin, Yaşar Tunagür'ün çok samimi arkadaşıdır. Öyle ki, çok kere gelerek namazlarını Tunagür'ün arkasında kılar. Bu şikayet dilekçesinden O'nun Tunagür'ü haberdar etmemesi düşünülemez. Elmalılı'nın ayağını kaydırmak için bir tezgah lazımdır. Başbakan'a kendi aleyhinde tezgahlar kurulduğu haberinin ve bunun merkezindeki şahsın da İbrahim Elmalılı olduğu iftirasının O'na bir başkası aracılığı ile duyurulması bu neticeye yeterli olacaktır. Gülen bu iftira oyununa bilerek ya da bilmeyerek alet edilir. Durum bundan ibarettir. İbrahim Bedrettin Elmalılı, ya emekliye ayrılmak ya da görevinden alınmakla karşı karşıya bırakılır. O da emekliliğini ister. Elmalılı, Tunagür'e olan muhalefetini ancak bir sene sürdürebilmiştir.

Gülen'in anlattığına göre, Demirel görüşme talebini, Gülen'in Ankara'da bulunduğu bir günde tekrar yenilemiş; fakat Gülen bu talebi de ret etmiştir.

1976 Ramazan ayındaydı. Gülen, İstanbul Sultanahmet Camii'nde vaaz etti. Vaazı dinleyenler arasında dönemin Başbakanı Süleyman Demirel de vardı. Namaz sonrası Demirel, Gülen'i kucaklayarak öpmek istedi. Gülen başını özellikle kaçırdı. Dışarıya çıktığımızda niye öyle yaptığını sordum. Şarap fıçısı gibi adam, dedi.

Gülen'in siyasetle ve siyasilerle geçmişe dayalı ilgi ve alakasının bir bölümünü de doğrudan kendisinden nakledeyim:

"Siyasi liderlerden gelen talep ilk defa, ilk yıllarda, ta 68'li yıllarda Necmeddin Erbakan'dan geldi. Hatta kampa kadar da gelmişti. Tabi gayet normaldir bu. Bizim işimizin (Hizmet Hareketi'ni kast ediyor) iç yüzünde böyle bazı arkadaşların belli bir zaman dilimi içinde belli meseleleri kabullenecekleri ana kadar, bir arkadaşlarını en azından bir arkadaş seviyesinde kabullenecekleri ana kadar bir kısım hazımsızlıklar olabilir. Ve bu seviyede hazımsızlıklar olmuştur. Ama hani dış yüzüyle çok mualla görünüyor bu mesele. Yani güçlü bir cemaat. Kim gelse O'nu kampıyla, yurduyla, pansiyonuyla, eviyle hatta normal camideki cemaatiyle sımsıkı bir uhuvvet içinde görüyordu ve bu cemaatin ilerde büyük şeyler yapabileceğini umuyor, büyük şeylere namzet olduğunu görüyordu. İşte Necmeddin Erbakan da böyle kanatlanıp gelmişti kamp sınırına kadar. O'nunla beraber Süleyman Karagülle de gelmişti.

Konuştuklarımızın hepsi aklımda kalmamıştır da uzun zaman oturduk. Yani yaptığımız şeyleri sordu. Ben yaptığımız şeyleri anlattım, yaptığımız şeyleri anlatma mevzuunda Süleyman Karagülle'nin de yardımları oldu. Yani bir fikir işi, bir kültür işi, bir insan yetiştirme işi. Hz. Bediüzzaman'ın da yolu bu, her türlü siyasi mülahazaların üstünde. Ben, her zaman her yerde anlattığım ve yine fırsat doğarsa anlatacağım şeyleri anlattım orda. O biraz da böyle bu masonları, siyonistleri filan öğrenmek lazım, gibi şeyler söyledi. Çünkü o zaman Erbakan, Sanayi Odaları Başkanı iken bir seçimde hile olmuştu, kazanamamıştı. O da yerinde kalmakta ısrar etmiş, makam odasını terk etmemişti. Gelip çıkardılar. Yani Demirel tarafından bir yönüyle böyle itilmiş bir insandı. Ondan sonra Adalet Partisi'nden adaylığını koyunca da veto edilmişti Demirel tarafından. O öfkeyle bir parti kurmuştu. Yani Erbakan bu öfkeyle taraftar arıyordu. O bakımdan masonlara çok kızgındı o esnada, çok öfkeliydi. O günkü konuşmaları da biraz bana akıl verir tarzda, yol gösterme tarzında oldu: masonlarla, siyonistlerle, farmasonlarla uğraşalım, böyle yapalım, şöyle yapalım gibi... Hani bunların karşısında olalım derken yani karşısında da o gün kendisi var. Evet konuşmamız bu istikamette cereyan etmişti.

Daha sonra da görüşme arzuları oldu ve nitekim son bir görüşmesi de 12 Eylül'den evvel hastalandığımda, benim rızamın dışında, hilafına bir sabah namazında kimse görmeden getirmişlerdi yine. Hasta görmesine geliyoruz demiş gelmişlerdi. Siyasiler için bütün bunlar rey adına yapılması gerekli olan şeydir. Yığınları arkalarından sürüklemeleri adına yapmayı planladıkları şeylerdir.

Kamptaki görüşmemizde deyip demediği hatırımda değil, unutmuş olabilirim de daha sonra yanına giden arkadaşlara aleyhinde olmadığımız, belki lehinde de olabileceğimiz şeklinde yumuşatılarak götürülen düşüncelere, hayır öyle değil, açıktan açığa destek olması lazım, demişti. Bunun şahitleri vardır bugün arkadaşlarımız arasında. Ve onların arzu ettiği manada bir iltizam olmadığından dolayı da o mülahazayla "Moşe Dayan'ın askerleri" olmuşuzdur. Çünkü o yıllarda Moşe Dayan meşhurdu. Arap ordularını yenmişti. İsrail'in asker kökenli savunma bakanıydı.

Milletvekili planında, bakan planında daha önce de değişik şekillerde bu türlü görüşme talepleri olmuştur ama imkanım ölçüsünde tevakki ettim. Mülahazalarım şunlardı:

İsterseniz aşağılık duygusuna verebilirsiniz. Kendimi ben o adamlardan küçük gördüğümden dolayı görünmeden tevakki ettim. İsterseniz öyle değerlendirebilirsiniz.

Bir de şu husus çok ruhuma hakimdi. Ve bunu söylemişimdir de. Görüşme arzularında aracılık yapan kimselere bu adamlar politikacı, bunların hiçbir meselesi doğru değildir. Bir oyun oynarlar, madik oynarlar. En iyisi mi görüşmeyelim. Bugün burada sizinle görüşür yarın gider başka bir yerde gazeteye başka bir şey anlatırlar. Siz de tekzip edemezsiniz bunu ve onu kullanırlar. Sizi çok defa cemaatinize karşı kullanırlar. Başka cemaatlere karşı kullanırlar. O bakımdan görüşme arzu etmedim.

Bir diğer görüşmek isteyen de işte bildiğiniz gibi MHP'nin lideri, Alparslan Türkeş. O mektup yazmıştı. Zannediyorum, bana gelen mektuplar arasında vardır. Ve aradaki olan zat da işte böyle emr-i vakilerle, Kurban Bayramı'ndan sonra gelecek demişti. 12 Eylül'den az evvel. Çok samimi söylüyorum 12 Eylül hareketi olunca onları da içeri aldılar. Çok şükür dedim, ben bu adamla görüşmekten kurtuldum, ihtilal oldu."

Gülen, söz konusu ettiği Alparslan Türkeş'e ait mektubu kendisi okuduktan sonra bana da okumam için vermişti. Hatırımda kaldığı kadarıyla, Osmanlıca hatla kaleme aldığı bu mektubunda Türkeş, 1980 öncesi ülke içi olayların bir tahlilini yapıyor, gayet hürmetkar ifadelerle hitap ettiği Gülen'den de düşüncelerini almak istediğini söylüyordu.

Fakat nedense Gülen, Alparslan Türkeş'e karşı hep mesafeli durdu ve bu tavrını Türkeş'in vefatına kadar da hep sürdürdü.

Bir gün beni odasına çağırdı. Baş başa uzun uzun konuştuk. Bir ara, geçenlerde ne oldu biliyor musun, dedi. Dikkat kesildim. Resmi (asker) arkadaşlardan biri geldi. Boynuma sarıldı. Hocam, Türkeş sizinle ilgili infaz emrini bana verdi, ama ben size nasıl kıyarım, dedi, ağladı.

Bu konuşmamızın üzerinden daha bir hafta bile geçmemişti ki, merhum Türkeş'in vefat haberi duyuldu. Ve Gülen, herkesten evvel koşarak cenaze namazına iştirak etti.

Gülen'in Amerika'ya gittiği ilk yıllardaydı. Tuğrul Türkeş'le, müşterek dostumuz Ali Saydam'ın iş yerinde buluşmuştuk. Güncel pek çok konuyu sohbetimize mevzu edindik. Bir ara Ali Saydam zorunlu bir telefon görüşmesi yapması gerektiğini söyleyerek yan odaya çekildi. Tuğrul Bey, Ali Bey'in yanında açmamın uygun olup olmayacağını bilmediğimden açmak istemedim, fakat çok merak ettiğim bir konuyu paylaşmak istiyorum, dedi. Ben de, elbette buyurun, karşılığını verdim. Sebebini bilmiyorum, dedi, dışa pek yansıtmadılar fakat ne rahmetli Alparslan Türkeş Fethullah Güleni, ne de O rahmetliyi hiç sevmezlerdi. Siz, Fethullah Hoca'nın en yakınında bulunan birisi olarak bu sorunun cevabını biliyor musunuz?

Ben de, rahmetli babanızın canibindeki sebebi elbette siz daha iyi bilirsiniz. Fakat Hoca efendi canibinde şöyle bir olay var, dedim ve yukarıda Gülen'in bana aktardığı olayı aynen kendisine naklettim. Tuğrul Türkeş, anlattıklarımı tebessümle dinledi. Sonra da, Latif bey, dedi. Babam bir kurmaydı. <u>Hiç gidip ona sarılıp ağlayacak kişiye onu öldürme emri verir mi?</u> Ben, yani infaz olmadığına göre herhangi bir emir de olmamıştır mı, demek istiyorsunuz, dedim. Aynen öyle, bu çok acemi bir kurgu, dedi.

Tuğrul Türkeş'le yaptığımız bu görüşmeyi, o günlerde ziyareti için Amerika'ya gittiğimde Gülen'in kendisine de aynen naklettim. Ne renk verdi ne cevap, sadece dinledi.

Gülen'in kendi dediklerini aktarmaya devam ediyorum:

"1977 genel seçimlerinde Yaşar Tunagür ile Turgut Özal İzmir'den milletvekili adayı oldular. Bu konu o dönemde basına da yansıdı. Yaşar Hoca için Fethullah Hoca Yunt Dağları'nda koşturuyor, dediler. Bu bir kaç yönden tersti bir kere. Yaşar Hoca adaylığı İzmir'den koymuştu. Yunt Dağları Manisa'daydı, Manisa'nın dağlarında ne diye Yaşar Hoca için koşturacağım. İkicisi, hasta yatıyordum. Hiç kimse beni oralarda görmedi. Tabi bizim namımıza iyi bir şey oldu. Turgut Bey için de iyi bir şey oldu, Yaşar Hoca için de iyi bir şey oldu, ama ister Turgut Bey, isterse Yaşar Hoca, Yaşar Hoca ona da tercüman olarak belki kaç defa arkamdan veya yüzüme: "Fethullah Hoca beni harcadınız" dedi. İzmir'e geldiğinde bizim sahip çıkmamız mümkün olmadı. Koşamadık, anlatamadık, yardım edemedik. Ben yataklık hastaydım. Hasta yatağımda ancak en yakınları çağırıp dedim ki: Mülahazamız budur. Bundan dolayı. Yoksa bizim Selametle falan alakamız yok, hiçbir partiyle de yok ama bunların tutulup desteklenmesinde şöyle bir yarar var, demiştim. Tutsak, desteklesek. Bunların tutulup desteklenmesinde zarar var demişim gibi ayrılan eski arkadaşlar (Diğer Nur talebelerini kast ediyor) çoğu köy köy, kasaba kasaba dolaştılar, bunların kazanmaması için lazım gelen her şeyi yapın, dediler. İkinci mesele de Selametin içinde oldu. Hamdi Beyler, Necmeddin Erbakan'a sadık olmayan,

samimi olmayan, bu Turgut'la Yaşar Hoca, bunlar hain, münafık düşüncesindeydiler ve her ikisini kazandırmamak için lazım gelen her şeyi yaptılar. Binaenaleyh orda senatör seçimi Dursun Bey ki bizim cemaat vermemiş olabilir rey ona, 35 bin rey aldı kazanamadı. Fakat beri tarafta Turgut Bey'le Yaşar Hoca 20 bin rey aldılar, bizim cemaatin ağırlığına rağmen, karşı taraf rey vermemişti. Benim de hayatımda ilk ve en son rey kullandığım bir seçimdi, ilk ve son. Başka hiçbir zaman seçimde rey kullanmadım. İlk defa kullandım ve demek biz ahiret adamı da değiliz de dünya hiç değilmişiz ki dünya adına izhar-ı rey edince bizim izhar-ı rey ettiğimiz kaybediyor ve onlar kazanamadılar.

Bir defa da arkadaşları Demirel'i desteklemeye zorlamıştım. O seçimde Demirel'in adamları da kaybettiler. Tabi diğerini de (CHP'yi desteklemeyi kast ediyor) yapamazdım. Ben o zaman anladım ki ben kime rey verirsem o kaybediyor.

Fakat akide olarak tabi gidip falana filana küfrü temsil edene de oy veremezdim. Akidemden korktum. Yoksa öyle anladım ki kimi desteklesem ben o desteksiz kalıyor. Hoca, 12 Eylül olduktan sonra defaatle dedi ki: Yahu Fethullah Hoca kazanamadık ama demek hakkımızda hayır varmış, çünkü o zaman içeriye girecektik ve Turgut Bey Selametten içeriye girmiş bir insan olarak ne yüksek bürokrat olabilirdi, ne bir Ekonomi Bakanı olabilirdi, ne daha sonra Başbakan olabilirdi, ne Reis-i Cumhur olabilirdi."

Gülen'le bu görüşmeleri yapmamızdan birkaç sene sonra çok şey değişti. Gülen'in siyasi dünyasına girmeyen adeta hiçbir siyasi aktör kalmadı. Demirel'le görüştü, O'na kendi elleriyle ödül verme bahtiyarlığına(!) erdi. İşi o kadar ileriye götürdü ki, Demirel'i söz sultanı ilan etti. Başbakanlığı dönemlerinde Tansu Çiller'le ve Mesut Yılmaz'la da görüştü. Bu son görüşme biraz da benim aracılığımla oldu.

Şöyle ki, 28 Şubat'ın baskılı günlerindeydi. Gülen artık tek başıma yetemiyorum; görüşmeye, yeni düşünce ve stratejilere ihtiyaç duyuyorum, demiş, içlerinde benim de bulunduğum on kadar kişiyle her hafta bir araya gelerek istişareler yapmaya başlamıştı. Herkes kendi çevresini kullanarak üst düzeyde kime ulaşabilirse ona hizmet hareketinin masumiyetini anlatacak, bizim anti devlet bir duruşumuzun olmadığı deklare edilecekti. Fakat, daha önce bize ardına kadar açık olan ve ne zaman istesek görüşme talebimizi geri çevirmeyen bütün çevreler, askeri baskının verdiği endişe ile bir bir kapılarını kapatıyor, en dostlar bile randevu taleplerimizi isteksiz bir eda ile kabul ediyordu. Gittiğimizde de hal ve hareketlerinden hoşnutsuzluklarını ifadeden kaçınmıyorlardı. Hepimizde bir gerginlik vardı. Bu yetmiyormuş gibi bir araya geldiğimiz on kişi arasında bile tam bir birliktelik yoktu. Gülen'in bu zayıf anından istifade ile herkes bir şeyler yapıp ona yakın olmayı hedefler hale gelmişti. Bu hal ise beni fazlasıyla üzüyor, rahatsız ediyordu.

Bir gün bu duygularımı ifade eden bir şeyler söyledim. Gülen henüz salona gelmemişti. Arkadaşların laubali hali beni iyice feverana sevk etti; sitem anlamında "herhalde ölsem bu sizi şu anda çok sevindirecek, herhalde bunu bekliyorsunuz" gibi bir şeyler söyledim. Şerif Ali Tekalan, "Sen de birisinin ölmesini bekliyorsun" deyince ayağa kalktım, oturduğum koltuğu yere çalarak salonu terk ettim, o günkü toplantıya katılmadım.

Benim ayrılmamdan biraz sonra Gülen salona girmiş. Yere yıkık koltuğu görünce, o koltuk niye öyle diye sormuş, onlar da bire bin ilavesiyle aktardığım olayı nakletmişler. Gülen hemen feveran ile gazeteyi aramış, artık yazılarımın yayınlanmamasını emretmiş. Sonra da Mustafa Özcan'ı göndererek, o günlerde sorumlusu olduğum Çamlıca'daki Akademi Vakfı'na kilit vurdurmuş.

Bunların hiç biri umurumda değildi; fakat zor günlerde vefasızlık yapmış olmak endişesiyle haftalık bu toplantıların sekreterliğini yapan Harun Tokak'ı arayıp gelecek haftaki toplantıya katılacağımı belirttim. Gülen'den olumlu cevap gelince toplantıya katıldım.

Gülen'in suratı asık, diğerlerinki müstehzi olduğu halde toplantı tamamlandı.

Dönemin Meclis Başkanı Hüsamettin Cindoruk'tan üç defa randevu istenilmiş, her üçünde de öncesinde olur dendiği halde bir bahane ile görüşme iptal edilmişti. Bu sebeple de Gülen son derece rahatsızdı. Arkadaşların yaptık dedikleri görüşmeler ise, sıradan esnaf ziyaretinden ibaretti. Halbuki ihdas edilen olağanüstü bu toplantıların maksadı ileri seviyedeki iş adamlarıyla görüşmek, basın ve yayın kuruluşlarının üst düzey yetkilileriyle, spor ve sanat dünyasının en bilinen isimleriyle, siyaset dünyasının ve bürokratların en üst kademede bulunanlarıyla bir araya gelmek ve yapılan görüşmelerin sonuçlarıyla ilgili Gülen'i ve bu toplantıya katılanları bilgilendirmekti.

Gülen odasına çekilmek üzere iken yanına gittim. Başka zaman böylesi durumlarda mutlaka ilgilenir, alaka gösterirdi. Fakat o somurtkanlığını devam ettirdi. Ben sadece "Başbakanla görüşmek ister misiniz?" dedim. Gülen'in çehresi birden değişti, somurtkanlığının yerini tebessüm, ilgisizliğinin yerini coşkun bir alaka aldı. "İstemez olur muyum, hemen" dedi. Bir-iki gün içinde bu görüşme gerçekleşti.

Gülen, bu dönemde her türlü "itikadi mülahaza"yı bir tarafa bırakarak Bülent Ecevit'le de görüştü; hatta seçimlerde örtülü de olsa O'nun desteklenmesini sağladı.

Elbette Gülen'in Ecevit'e olan ilgisi karşılıksız değildi. Ecevit'in her türlü ortamda Gülen'i desteklediğini o birinci elden gelen bilgilerle biliyordu. Ecevit'in Gülen'e olan bu ilgisini de salt insani duygularla izah etmek elbette fazla iyimserlik olurdu. Derin devlet iyi polis rolünü Ecevit'e, kötü polis rolünü de askeri çevreye vermişti.

Ecevit, Gülen'in Türkiye'de kalması hususunda askeri ikna edemedi. Abdullah Öcalan'ı Türkiye'ye veren güç, Gülen'i Amerika'ya istiyordu. Bu bir bakıma Gülen üzerinden yapılan ipotek anlaşmasıydı. Ecevit çaresizliğini Gülen'e bildirirken, sağlığınız çok önemli, mutlaka Amerika'ya gidin, demişti. Bu şifreli sözün deşifresi, sizin için bir şey yapamıyorum, Amerika'ya gitmek zorundasınız, demekti.

Gülen, Haluk Örgün vasıtasıyla Ecevit'le olan irtibatını hep sürdürdü.

Özellikle Ecevit'in Başbakan olduğu koalisyon döneminde adeta Ecevit'i yönetir duruma geldi. Ama sonuçta olan Türkiye'ye oldu. Ecevit'in Cumhurbaşkanı Ahmet Necdet Sezer'le yaptıkları Anayasa restleşmesi Türkiye'yi büyük bir devlet krizine soktu. Ülke ekonomisi bir günde yüzde altmış değer kaybetti. Ecevit de siyaset sahnesinden, partisiyle birlikte silindi. Yani Gülen'in siyasete müdahalesinin bitirici, mahvedici özelliği bir kere daha su yüzüne çıkmış oldu.

Gülen, Ak Parti'ye, kuruluş dönemi de dahil uzun süre mesafeli durdu. Ak Parti'nin iktidara gelemeyeceğini, gelse bile askerin onu iflah etmeyeceğini düşünüyor ve bu düşüncelerini doğrudan dillendiriyordu. Önceleri mesafeli bir yakınlığa gidildi; ikinci, üçüncü seçimlerden de Ak Parti güçlü çıkınca Gülen cemaati bütünüyle Ak Parti'ye angaje etti. Ak Parti de bu yakınlığı, bu sahip çıkışı karşılıksız bırakmadı; cemaat ne istediyse verdi.

Fakat cemaatin talepleri bitmiyordu. Çünkü cemaat, Ak Parti'yi iktidara taşıyan gücü kendisi olarak görüyor ve taleplerini de bir iktidar ortağı gibi istemekten çekinmiyordu.

Nihayet olaylar Başbakan Erdoğan'ın İsrail'e sert bir tavırla rest çekişine geldi dayandı. Dananın kuyruğu koptu, cemaat önce örtülü, sonra da açıktan hükümete, Ak Parti'ye, özellikle de Recep Tayyip Erdoğan'a cephe aldı.

Oslo Görüşmeleri olarak siyasi tarihimize geçen MİT-PKK görüşmelerinin basına sızdırılması Cemaatin Ak Parti'ye savaş ilanıydı. 7 Şubat krizi, yani Cemaate mensup bir savcının, şüpheli sıfatıyla MİT Başkanı Hakan Fidan'ı telefonla sorguya çağırması, ilan edilen savaşın ilk sıcak düellosu oldu. Bu düelloyu, Recep Tayyip Erdoğan'ın ani hamlesiyle hükümet kazandı. Daha sonraki cemaat hamleleri de bir bir püskürtüldü. Cemaatin Yargı ve Emniyet ayağına ciddi kayıplar verdirildi. Cemaat, geçmişte gerçekleştirdiği bütün zalim icraattan hesaba çekildi. Sonunda Cemaat, devletin Kırmızı Kitabı'na terör örgütü olarak geçti; cemaate karşı yapılacak mücadele devlet politikası haline getirildi.

Bu dönemde cemaat tamamen politize edildi. Ak Parti karşıtlığını esas alan bütün ittifakların değişmez ortağı hatta baş organize edicisine dönüştü. Seçimlerde CHP- MHP- HDP kim varsa yerine göre hepsini destekledi. Cumhurbaşkanı seçimlerinde Tayyip Erdoğan'ın rakiplerinden yana tercih kullandı. Çözüm sürecini sabote için elinden gelen her şeyi yaptı. Türkiye Cumhuriyeti Devleti PKK'yı bitirme operasyonlarını başlatınca da cemaat elindeki bütün destek güçlerini seferber ederek silahlı terör örgütü PKK'yı destekledi.

Gülen'in desteklediği ne bir parti ne de bir kişi abat oldu; hepsi de hezimetin en ağırını yaşadı. Sonunda PKK da Gülen'le yaptığı ittifaktan kendi hezimetine düşen nasip payını aldı. Gülen maşeri vicdandaki bütün sevgi, sempati ve kredisini bu vesile ile bitirdi. Kavgaya giriştiğinde, Cemaat hem dış destek hem de devlet içindeki yapılanması yönüyle hükümetten çok güçlüydü. Cemaati mağlup eden güçsüzlüğü değil haksızlığıydı.

GÜLEN ARANDI MI?

1980 ihtilalinden sonra Gülen'in Burdur'da yakalanacağı zamana kadar hep devlet tarafından arandığı; fakat bir türlü bulunamadığı söylenir olmuştur. Peki gerçek nedir? Kendisinden dinleyelim:

"Onlara yakınlardan (Üst düzey askerlerden) bir-ikisi ihtilalden bir gün önce, öğlene doğru bana geldi, bir alarm var askeriyede, bir hareket olabilir, dedi. Yani ben ihtilalin olacağını daha öğlen vaktinde biliyordum. Öğlen sonuydu, akşam yine onlardan (Askeri öğrencilerden) küçük iki arkadaş gelmişti, şimdi birisini ayırdılar, birisi mensup daha duruyor. Gece ben onları kaldırdım, evden gidin, sizinkiler bu gece kazan kaldıracaklar, dedim. Onları kaldırdık, evden gittiler. Sonra ben de olacağını bildiğimiz için gece validenin evine geldim. O gece orada oturduk, geçirdik, orda dinlendik. Ertesi gün sabahtan sonra da, adam konuştu, birinci adam konuştu. Ben o zaman biraz Konya mitingi falan da hesaba katılınca baktım avucunun içiyle komünistlere vururken ters tarafıyla, yumruk tarafıyla bizim suratımıza da bir şey indirecekler, öyleyse hele ben

şimdi saklanayım, dedim. Saklanmaya karar verdim.

Tabii bunları söylerken sır veriyoruz biz, verdiğim var, vermediklerim var. Yani yarın için bilinmesinde mahsur görmediğim şeyleri söylüyorum, ebediyen mahsurlu gördüğüm şeyler var ki onları tabi söyleyemeyeceğim.

İhtilal sonrası, Kemal Kaçar Beyle görüşemedim; Hüseyin Kaplanla görüştük, şunları dediğimi iyi hatırlıyorum: 20-30 senedir emek verdiniz bu Kur'an kurslarına. Şu anda Tayyar beyle (Altıkulaç) kavga etmenin hiç bir manası yok, alttakiler, üsttekiler çok rahatsız olurlar, gidin el ayak öpme bahasına bu kursları kurtarmak için hani Ankara'da ne yapıyorsanız yapın, dedim. Tabi o da müstağni davrandı, bunlara vaizliği bıraktık, cami kürsülerini bıraktık, her şeyi bıraktık başka artık ne istiyorlar bizden, ne yapalım yani, baktım o da karşı taraftan taviz bekliyor, oysa ben ısrarla yani hakkınızda çok iyi düşünülmüyor, yazık olur dedim, sizin kurslar için söylüyorum yani, emek verildi bunlara 30-40 senelik mazisi var, bir daha aynı seviyeye getiremezsiniz bunları, fakat o da çok cevabı sevap vermedi. Mahmut efendiyle görüştüm, Esad efendiyle görüştüm.

Tabii yanımızda kitap yok, kütüphane yok hiçbir şey yok, o zaman Mehmet Kaplan'ın sadece kritiğini aldık. Aziz Nesin'in hikayelerini aldık, okuyup gülüyorduk, evet öyle. İhtilalden bir iki gün sonra, saklandığım yerde, karanlıkta, mum ışığında "Son Karakolu" yazdım, askere yahşi çektim. Bazen yolculuklarımızda resmi (Asker) arkadaşlar bize refakat ediyor, sütre oluyorlardı.

Erzurum'dan dönerken havaalanının girişinde polis beni görünce önümden koştu, bunu aramayın, dedi. Biz doğrudan salona girdik. Sonra elinde telsiz olan sivil birisi geldi. Bingöl'den bazı arkadaşlar beni görmeye gelmişler ve hava meydanına ancak yetişebilmişler. "Hocam, misafirleriniz var, uçak kalkıncaya kadar onlarla görüşseniz" dedi. Hemen bir başka polis geldi: "Çantanızı taşıyayım hocam" dedi. Bir taraftan cani gibi kovalanıyorsun, bir taraftan da böyle muamele...

Önceleri aranma mahalli İzmir'le sınırlıydı. Bütün Türkiye'ye teşmil edilmemişti. Onun için de daha çok İzmir dışında olmaya gayret gösterdik. İstanbul'a gittiğimizde Asım Bey (Ülker)'in yazlığında kaldığımız oluyordu. Bir ara Sabri Bey (Ülker)'in kızının yazlığında kaldık. Ankara'da daha çok Alaeddin Bey'in (Kaya) evinde kaldık. Alaeddin Bey'in ve ailesinin o dönemdeki civanmertliğini asla unutamam. Ülker'in Ankara'daki fabrikası da çok özel durumlarda uğrayıp kaldığımız yerlerden biriydi.

Kenan Evren'in bacanağı Yakup amca beni tanırdı. Bazen vaazlara da gelir, dinlerdi. İhtilal olunca Ankara'ya gitmiş, Evren'e birkaç vaaz kaseti de götürüp dinletmiş. Müspet-menfi hiçbir şey söylememiş.

Hatırladığım kadarıyla bir özel sohbette Gülen bu olayı anlatırken, Evren'in, madem öyle, şimdilik ortalarda gözükmesin, dediğini nakletmişti.

"Bursa'da bir yakalanmamız oldu. Fakat timin komutanı müspet bir insandı. Bu kadar komünistle uğraşıyoruz, bir de masum Müslümanlarla uğraşmanın alemi yok, diyerek bizi serbest bıraktı. İstanbul' da kaldığımız yere (Altunizade FEM'in beşinci katı) emniyet tarafından baskın düzenlendi. Kıl payı kurtulup bir yere saklandım. Saklandığım yeri bir iki kişiden başka kimse bilmiyordu. İki üç saat her yeri didik didik aramalarına rağmen beni bulamadılar.

Bu arada bütün Türkiye'yi dolaşma gibi bir yolculuk macerası da oldu. Hatta sizi ziyaret için Van'a kadar gelmiştim. Hususiyle, kendim askerde psikolojik olarak çok sıkıntı çektiğim için askere giden arkadaşları da ziyareti ihmal etmedim. Bir taraftan aranıyorsun, diğer taraftan kışlaların içine girip arkadaş ziyareti yapıyorsun, fakat benim vefa anlayışımın gereği buydu.

Nitekim son Burdur'da yakalanmam da yine böyle bir ziyaret sebebiyle olmuştu.

Bizi yakalayıp karakola götürdüler. Ertesi sabah Başbakan (Turgut Özal) bakanları topluyor, gündemin birinci maddesi Fethullah

Hoca'nın kurtarılması, diyor. Bunun üzerine Burdur'a bakan ve müsteşar seviyesinde telefon yağıyor. Onlar, Efendim konunun doğrudan bizimle alakası yok, esas arayan İzmir, diyorlar.

İzmir'e götürüldük. Onlar, hayır biz böyle bir ismi aramıyoruz, tekrar Burdur'a geri götürün, dediler. Biz ortada kaldık. Burdur emniyeti, biz siz istediğiniz için derdest ettik diyor, İzmir emniyeti, hayır biz böyle bir istekte bulunmadık, diyor. Sonra avukatımız Özkan Bey'le protokol imzaladılar. İzmir dışına çıkmamız gerektiğini söylediler. Biz de İstanbul'a gitmek üzere yola çıktık, bir süre orada ikamet ettik."

Gülen'in bana uzun uzun anlattığı bu aranma dönemine ait anılardan çok az kısmının bazı kesitlerini sizlere aktarmış oldum. Sadece bu verilere bakıldığı zaman dahi Gülen'in devlet tarafından aranmadığı; fakat özellikle aranıyor gösterildiği sonucuna varmamız mümkündür. Zaten finalde yakalanması da ardından aranmadığının bizzat devlet birimleri tarafından deklare edilmesi de meseleyi yeteri kadar açıklamış oluyor. Hiç suçu günahı olmayan binlerce insanın senelerce mağdur edildiği, bir kısmının idamla, bir kısmının ömür boyu hapisle cezalandırıldığı; nicelerinin işkence altında öldüğü, nicelerinin sakat kaldığı bir ceberut dönemde, eğer Gülen aranacak kadar tehlikeli görülseydi mutlaka yakalanır ve yargı önüne çıkarılırdı. Nitekim Gülen, Yalçın Doğan'la yaptığı bir söyleşide, üstü kapalı olarak bu durumu kabullenmiş, demek ki beni arayanlar aramalarında ihlaslı değillermiş, gibi bir laf etmiştir. Yani, devlet Gülen'in aramamış, arama görüntüsüyle işi perdeleyerek Gülen'i koruma altına almış, himaye etmiştir.

GÜLEN'İN ÜÇÜNCÜ HACCI

"1986 yılında üçüncü haccıma niyetlendim. Bu arada Mehmet Özyurt'la alakalı Diyarbakır'da başlatılan soruşturmaya benim adım da dahil edilmişti. Fakat gidişimizde bir problem yaşamadık. Medine-i Münevvere'de yirmi günden fazla kaldık. Dr. Kayit çocuklarını Ürdün'e göndermiş, Medine de hep O'nun evinde misafir olduk. Gerçi Bin Ladin bize büyük bir daire tahsis etmişti; fakat oraya beraberimizde bulunan arkadaşlardan bazısını yerleştirdik, ben birkaç arkadaşla Dr. Kayit'in evinde kaldım.

Mekke'de Bin Ladin'in evinde kaldık. Bin Ladin Arafat'ta da bizim için çadır hazırlattı; ayrıca benim için de özel bir çadır hazırlatmıştı. Mina'da da yine O'nun bizim için hazırlattığı çadırlarda kaldık, çok da rahat ettik.

Hac dönüşü, benim havalimanlarında arananlar listesinde adımın olduğu haberini alınca, hava yolculuğu ile Türkiye'ye dönüşüm mahzurlu olur düşüncesiyle, kara yoluyla dönmeyi daha uygun *buldum. Suriye üzerinden, sınırı yaya olarak geçerek Türkiye'ye avdet ettim. Sınırı kaçak yollardan geçmem çok zor oldu; fakat bize rehberlik eden kişi bu işin uzmanıydı; meşakkatli bir yolculuk yaptık gerçi ama; olsun, hiç olmazsa vatanıma kavuştum...*

Kısa bir süre bekledikten sonra İzmir'de gidip savcılığa müracaat ettim; ne olacaksa artık olsun, dedim. İfademi alan savcı gayet edepli birisiydi. Bir ara bana Atatürk'le ilgili düşüncemi sordu. Ben, Atatürk askeri bir dehadır, dedim. Bunun üzerine katibesine, yaz kızım, dedi ve benim ifademi aynen zapta geçirdi. Sonra da serbest bıraktı."

Gülen'in üçüncü haccında Bin Ladin ailesine misafir oluşu, bu aileyle tanışmış olma keyfiyeti bakımından bizim için hala gizemini korumaktadır. Bu ailenin Amerika ile olan üst düzey irtibatı da düşünüldüğünde, söz konusu tanışıklık ve bunun gizemi daha da önem kazanmaktadır.

DARBELER ve GÜLEN

Gülen, Türkiye'deki bütün askeri darbelerin bahtı açık, talihli çocuğudur. 1971 muhtırasında altı ay kadar tutuklu kalmanın dışında hiçbir mağduriyet yaşamamış; aksine bütün darbeler O'nun güçlenmesi için yol açan bir işlev görmüştür.

1972'de başlayan ve 12 Eylül 1980 darbesiyle sonlanan süreçte Gülen ve Cemaati devletten ve özellikle de askeri çevreden çok ciddi destek almıştır. Nitekim daha sonra basına da yansıyan şekliyle, istihbarat birimlerinin yaptığı değerlendirmede Manisa ve Edremit'te yapılan kampların CIA ve MOSSAD'ın tavsiyeleri uyarınca desteklendiği ifade edilmiştir.

Reel durum da böyledir. Çünkü hem 1968-1970 yıllarında üç sene üst üste yapılan Buca kampları döneminde hem de daha sonra yapılan kamplarda Cemaat ciddi hiçbir takibe maruz kalmamıştır. O dönemlerde üç-beş insan bir araya gelip Risale-i Nurları okusa bu suç kabul ediliyor ve bu kişiler hakkında hukuki süreç başlatılıyordu. Halbuki söz konusu kamplarda yüzlerce insan bir araya gelerek Risale-i Nurları okuyorlar;

fakat her nedense onlara göz yumuluyordu. Bunu sebebi açıktı: Diğer Nur fraksiyonlarının büyümeleri önlenerek esas inkişafın Gülen'le özdeş fraksiyonda gerçekleşmesi isteniyordu.

12 Eylül ihtilalinde de durum değişmedi. Gülen, bizzat asker tarafından, ihtilalden iki gün öncesinde uyarıldı, adres değiştirmesi söylendi. Sonrasında da devlet, Gülen'i arıyormuş gibi yaptı; fakat aramadı. Yakaladığında da serbest bıraktı. Ve Cemaatin büyümesini engelleyecek her unsur, bizzat devlet tarafından bir bir bertaraf edildi.

28 Şubat'ta olan da farklı değildi. Gülen, Çevik Bir'e göstermelik bir mektup yazdı. Bu mektubun bir benzerini Gülen, emekli darbeci Kenan Evren'e yazmıştı. Çünkü o dönemde bile Evren askeri cenahta ağırlığını koruyordu. STV'de kendisiyle yapılan uzun bir söyleşiden sonra, Naci Tosun aracılığı ile Evren-Gülen arasında iletişim kurulmuştu. Belki de kendisine mektup yazılmasını isteyen Evren'di. Fakat Gülen, ne olur ne olmaz endişesiyle aynı mealde bir mektubu da Çevik Bir'e gönderdi. Ancak Evren'in bu ikinci yazılan mektuptan haberi yoktu.

Evren, Cemaati tebriye ve tezkiye niyetiyle Çevik Bir'e gittiğinde Cemaatin korunmasını öğütledi. Çevik Bir, paşam, niçin bunlara destek oluyorsunuz, diye sorunca da Evren cebinden çıkardığı Gülen'e ait mektubu Çevik Bir'e uzattı. Çevik Bir mektuba göz attığında şaşırıp kaldı. Evren önce O'nun şaşkınlığını anlamadı. Fakat Çevik Bir masasının çekmecesinden bir mektup çıkardı ve Evren'e uzattı. Şimdi şaşkınlık sırası Evren'deydi. Okuduğu mektup kendisine gelen mektubun muhteva olarak aynısıydı.

Bu koruma ve kollamalar, Gülen'in Amerika'ya gitmesinden sonra da devam etti. Devlet içindeki bazı güçler, Gülen'i koruyup kollamayı CIA ve MOSSAD'a vekaleten yürütüyordu. Amerika sonrası bu koruma ve kollama asaleten bu görevi yürüteceklere havale edildi.

Aslında Ecevit, Gülen'e sağlık kontrolü için mutlaka Amerika'ya gitmesini öğütlerken, kriptolu bir telefon görüşmesi yapmıştı. Öcalan'ı verip yerine Gülen'i isteyen gücü, Gülen'in Türkiye'de kalması konusunda ikna edemediğini; dolayısıyla bu yolculuğun kaçınılmaz olduğunu söylemek istemişti. Gülen de bu telefon sonrası çaresizlik içinde Amerika'ya gitti.

17- 25 Aralık darbe girişimleri bu perspektiften bakılıp değerlendirilirse, Gülen'e işin başından beri yüklenen misyonun anlamı bütün çıplaklığı ile açığa çıkar. Amerika ve İsrail, kendi çıkarlarına hizmet etmekte onları hiç yormayacak bir figüran bulmuşlardı ve O'nu hilafet projesinin başına geçirmek istiyorlardı. Ne ki hem siyaset hem de sempati alanını doldurma bakımından, Gülen'in hilafete giden yolunu tıkayan bir engel vardı. O da hiç kuşkusuz Recep Tayyip Erdoğan'dı. O'nu bertaraf etmenin çaresi ise, Gülen'in en güçlü olduğu iki devlet erkinin aynı anda kullanılmasından geçiyordu. Yargı ve emniyet bu gaye doğrultusunda kullanıldı; fakat iyi bir zamanlama yapılamadığından darbe teşebbüsü akim kaldı.

Fakat Gülen'in darbe hırs ve ihtirasından bir şey eksilmediği anlaşılıyor. 30 Mart 2016 tarihinde A Haber'de konuk olarak katıldığım Memleket Meselesi'nde Gülen'e ait bir görüntüyü seyrettik. Gülen muhataplarına cihattan ve cennetin kılıçların gölgesinde olduğundan bahsediyordu. Son yirmi senedir kendi kitaplarında mevcut cihat kelimesini bile sildiren ve bu kavramı asla ağzına almayan Gülen'in bu yeni hali oldukça endişe verici. Gülen açıkça kıyam çağrısı yapıyor. Elbette, O'na olan güvenini yitirmiş toplulukta bu çağrının bir karşılığı bulunmuyor. Fakat yine de hatırlatalım: Bağilerin (teröristlerin) kılıçlarının gölgesinde cennet değil ancak cehennem bulunur. Bize de "Yaşasın zalimler için cehennem" demek düşer.

GAZETECİLER ve YAZARLAR VAKFI SERÜVENİ

Gazeteciler ve Yazarlar Vakfı, temelde, hizmete ait girilmedik boş alan bırakmama düşüncesinden doğmuş bir çalışmadır. Kurumsal şekliyle ilgili düşünce ise benden kaynaklanmıştır. Aylık yaptığımız toplantılardan birinde Gülen'le baş başa kaldığımız bir zaman diliminde kendisine bu düşüncemi açtım; O da fikir olarak meseleyi olumlu bulduğunu fakat başarıp başaramama hususunda tereddütleri olduğunu söyledi. Ben de zaten gazetemizin, televizyon kanalımızın olduğunu söyleyerek konunun alt yapısının hazır olduğunu; işin diğer organizasyonlarını da böylesi bir vakfın gayet rahat üstlenebileceğini söyledim.

Cemaate ait bütün çalışmaların entelektüel boyutta kabulüne bu vakfın alan açabileceğini anlattım. Bana, öncelikle üç kişinin ismini vererek bunlarla teker teker konuşmamı ve onları ikna etmemi söyledi. Dediği gibi yaptım, Abdullah Aymaz, İsmail Büyükçelebi ve Naci Tosun'la teker teker görüştüm. Onların her biri ayrı bir çekince ileri sürerek konuya olumsuz yaklaştı; fakat görüşmeleri ısrarla sürdürünce ikna oldular. Detaylara girmeyeyim. Fakat ileri sürdükleri çekincelerin hepsi de anakronik yaklaşımdan kaynaklanan endişelerdi.

Zaman Gazetesi'nin yayın hayatına girmesinden sonra, "öteki" diyebileceğimiz basın mensuplarıyla irtibat Fehmi Koru üzerinden yürütülüyordu. Fehmi Koru kişisel ilişkilerini kullanarak bu irtibatı gerçekleştiriyordu; onların sayısı da bir elin parmakları kadar bile yoktu. Fakat o dönemde böylesi bir inisiyatif dahi O'nun Gazete'deki konumunu güçlendirmeye yetiyordu; O da bu fırsatı iyi kullanıyor, bu gücün kendi tekelinde kalmasını istiyordu.

Vakıf teşebbüsünü Fehmi Koru'ya açtığımda çok ciddi reaksiyon gösterdi. Yazarlar Birliği varken bence böyle bir teşebbüsün hiçbir gerekçesi yok, dedi. Ahmet Taşgetiren'e konuyu açtım, O hem olumlu baktı hem de ciddi sahiplendi. Kendisinden, bana söylediği gerekçeleri yazıya dökmesini istirham ettim; O da kırmadı, düşüncelerini yazılı hale getirdi. Yazıyı Fehmi Koru'ya faks ettim. Olumlu yanıt aldım. Düşüncenin isabetini kabulle beraber, vakıfta aktif rol üstlenemeyeceğini söyledi, ben de ısrarcı olmadım.

Gelişmelerin bütününü ayrıntılarıyla Gülen'e aktardım. İsimler tespit ettik ve ilk istişare toplantımızı bu kişilerle yaptık.

Toplantıda vakfın ismi tespit edildi; kurucu heyetin isimleri kararlaştırıldı. Gülen'in de vakıfta olması istenildi. Ahmet Taşgetiren o gün niçin Gülen'in de vakıfta resmen bulunmasının gerektiğini açıklayan kısa bir konuşma yaptı. O da vakıfta kurucu üye olarak bulunmayı kabul etti.

Fakat bu görüşmenin üzerinden aylar geçmesine rağmen Gülen meseleyi bir türlü sahiplenmedi. Bir gün kendisine, eğer bu vakfı kurup işler hale getirmeyeceksek ben resmi görevle vaizliğe dönmek istiyorum, dedim. Önce, bu gece bir istihare yapalım, dedi. Sonra da peki, peki hemen çalışmaları başlatalım, karşılığını verdi.

Vakfın kuruluş gayesi, gazeteci, yazar ve sanat çevresine hizmet götürmek, mevcut hizmetimizi onlara tanıtmaktı. İlk açılış programını hemen yaptık. Gülen vakfın onursal başkanı sıfatıyla bir konuşma yaptı.

Basında ilgi tahminimizden çok daha fazla oldu. Günlerce bu açılış ve Gülen konuşuldu.

Yoğun bir ziyaret trafiği yaşadık. Bütün gazeteleri, televizyon kanallarını ziyaret ettik. İlk görüşmeleri önce ben yalnız yaptım. Sonra Hüseyin Gülerce ile birlikte bazı ziyaretler gerçekleştirdik. Medya patronlarıyla, gazetelerin köşe yazarlarıyla birebir görüştük. Daha sonra aynı adreslere bir de Gülen eşliğinde ziyaretler yaptık.

Gazeteci, yazar ve sanat çevresinden bazı kişiler de daha sonra Gülen'e iadeyi ziyarette bulundular. 28 Şubat sürecine biraz da bu atmosferde girildi. Toplum artık Gülen'i tanıyor, dediklerine kulak veriyordu. O da elde ettiği bu yeni rüzgarı etkili şekilde kullanmaya çalışıyordu.

Vakfın faaliyetleri arasında ilk aylarda yaptığımız ziyaretler çerçevesinde İslami kesimle yaptığımız görüşmelerde, bir problem gündeme getirilir oldu. Gülen'in bu kadar medyatik hale getirilmesini doğru bulmuyorlardı. Ahmet Taşgetiren de böyle düşünenler arasındaydı. Bu sebeple de bizimle arasına mesafe koydu.

Gülen, gösterilen bu tepkileri hazımsızlık ve hasetle yorumladı. Bu sebeple de görüşmelerin rotasını tamamen öteki mahalleye çevirdi. Fakat 28 Şubat sürecine girilince öteki mahalle bizi hiç tanımaz hale geldi. İslami kesimin görüşlerindeki isabet bu vesile ile bir daha tescillenmiş oldu.

Sonradan öğrendiğim bir habere göre, Gülen'in bu kadar medyatik olmasını doğru bulmayanlardan birisi de Rahmetli Yusuf Özal'mış. Bizzat ziyaret ederek Gülen'in yüzüne bu çekincesini de aynen ifade etmiş. Fakat Gülen O'na da ciddi reaksiyon göstermiş; Yusuf Özal'ı yolcu ettikten sonra da O'nu haddini bilmemekle suçlayan bazı açıklamalar yapmış.

En son yaptığımız Medeniyetler Arası Diyalog programıyla ben vakfın başkanlığından ayrıldım, Akademik Araştırmalar Vakfı'na geçtim. Gülen, gölge başkan pozisyonunda vakıf çalışmalarını yönetmemi ima eder ifadelerde bulunsa da kendimce bunu etik bulmadım; davet edilmedikçe de vakfın hiçbir organizasyonuna katılmadım.

Benden sonraki süreçte, Gazeteciler ve Yazarlar Vakfı'nın misyonunda önemli kırılmalar yaşandı. Vakıf düşünce olarak tamamen liberal kesimin eline geçti. Vakfı Truva atı gibi kullandılar. Dinler Arası Diyalog diye bir şey uyduruldu. İslami anlamda hiçbir gayeye hizmet etmeyen platform çalışmalarına başlanıldı. Daha sonra Vakıf, derin ve karanlık ilişkilerin adresine dönüştürüldü. Uluslararası entelektüel açılımlar başlığı altında yeni bir ağ örüldü. Vakıf, Vatikan'ın arka bahçesi oldu. Önce Türkiye'ye sonra da bütün dünyaya entelektüel ölçekli Gülen pazarlaması bu vakıf aracılığı ile yapıldı.

CEMAATİN YURTDIŞINA AÇILIMLARI

Sovyetler Birliği'nin dağılma sürecine girmesiyle Cemaat için dışa açılım fırsatının doğması bir iktiran meselesidir; yani iki olayın birbirine yakın zuhurudur. Fakat sebep-sonuç değildir. Dolayısı ile burada söz konusu açılımı gerçekleştirmeyi ilahi irade dışında bir iradeye bağlamanın imkanı yoktur. Zaten bizim kader telakkimiz de bu tevhidi anlayışı amirdir.

Şartlar açısından bakıldığında, Rusya dağılma sürecine girmiştir; Cemaat oralara eleman gönderebilecek kıvama ermiştir; Türkiye'de İslami gelişmeleri destekleyecek bir hükümet, bir devletin başı (Turgut Özal) vardır. Bir de iç şart diyebileceğimiz bir gelişmeyle Cemaat dışa açılma ile iç çatışma ortasında bir tercihle karşı karşıyadır; dışa açılım bir bakıma Cemaatin iç çürümesini giderecek yeni bir canlandırıcı unsur olarak karşısına çıkmıştır.

Aynı istidatların birbirini iticiliği, Cemaatin üst düzey yönetiminde tamamen dışa yansımaya başladığı bir süreci konuşuyoruz. Kurumsallaşmalar, bu kurumlarda yönetime sahip olmalar, aradaki bütün kardeşlik duygularını sıfırlamış, Cemaatin ağabey kadrosu, Gülen sonrasının hesaplarını yapmaya başlamıştır. Herkes, kendi ekibini kurma, o ekiple varlığını sürdürme peşindedir. Gülen tehlikenin farkındadır ve yapabileceği bir şey de yoktur. Çünkü o kadroyu birbirinin rakibi hatta düşmanı yapan da bizzat kendisidir.

Üst kadro birbiriyle sürtüşürken O daima hakem pozisyonunda kalmış, bunda başarılı da olmuştur. O sürtüşme vakumu yavaş yavaş O'nu da yutmuş, O da iç sürtüşmede aktörlerden biri haline gelmiştir. Daha önce bahsettiğimiz son vaazlarda, Gülen bu iç sürtüşmeleri açıkça dile getirmiş, birlik-beraberlik-kardeşlik gibi kavramların içini bu sürtüşmelere katılanları suçlayan ifadelerle doldurmuştur. Elbette bütün bunları sözü sahiplenmesi gerekenler anlamış; diğerleri ise konuyu sadece bir vaaz çerçevesi içerisinde dinlemiştir.

Demem o ki, Rusya'nın dağılması bir bakıma Cemaatin kurtuluşu adına da bir can simidi olmuştur. Hizmet adına açılan bu yeni alanlar iç kokuşmayı aksiyon bağlamında önlemiş, Cemaate yeni bir motivasyon kazandırmıştır.

Rusya'nın diğer Türki dünyalardaki otoritesi kısmen zaafa uğrayınca, henüz devlet olamayan bu dünya ile irtibata geçmek kolaylaşmıştır. Çünkü devlet olduklarında varlığı kesinleşecek bürokratik engellerin hiç biri o anlarda mevzu bahis değildir. Bu da oralara götürülecek mesajların kabulünü kolaylaştırıcı, hızlandırıcı bir durumdur.

Tavsiyeler eşliğinde, o yörede etkili olduğu söylenen kanaat önderi konumundaki kişilerle irtibata geçilmiş, onlara verilen hediyelerle gönülleri kazanılmış, sonra da onların öncülüğünde okul gibi masum kurumların açılışları gerçekleştirilmeye başlanmıştır. Bu durum muhataplar açısından da acil bir ihtiyaç olduğundan, onlar da böylesi eğitim tecrübelerini kendi ülkelerine kazandırma hususunda istekli davranmışlardır.

Bu arada okulların açılmasıyla diğer kültür hizmetlerinin yanında ekonomik atılımlar da başlatılmış, Cemaat üyelerinin oralarda ticari sahayı doldurmaları teşvik edilmiştir. Kısa zamanda bu çağrıya da icabet edilmiş, iş adamları ve esnaf sınıfına dahil ne kadar Cemaat üyesi varsa Türki dünyalardan birine gidip iş kurmuştur. Önceleri Türkiye'den vilayetlere bölüştürülerek gerçekleştirilen mali destek daha sonraları tamamen buralardaki esnaf ve iş adamları tarafından karşılanır duruma gelmiştir. Türkiye desteği ise büyük ölçüde Amerika'ya ve Afrika'nın bazı ülkelerine kaydırılmıştır.

Rusya'nın dağılmasından sonra başta Amerika olmak üzere pek çok batı ülkesi, Türki dünyalarda koloni avına çıkmıştır. Bunda aslan payının Amerika'ya ait olacağı da kuşkusuzdur. Gülen özellikle Amerika'ya ikinci gidişinde burada çeşitli lobilerle görüşmeler gerçekleştirmiş; bunları hem Ali Ünal'a yazdırdığı kitapta hem de Faruk Mercan'la yaptığı söyleşide kendisi bizzat isim vererek uzun uzun açıklamıştır.

İşte bu dönemden sonradır ki, Amerika bütün Türki dünyalara girişini Cemaat üzerinden gerçekleştirmiş; elde etmek istediği ne varsa en kestirme yoldan, en masrafsız şekliyle elde etmiştir. Amerika'nın ise Gülen'e avansı, buralardaki ve dünyanın başka yerlerindeki yayılmasına göz yumma şeklinde olmuştur. Daha sonra da işi kendisini himayeye kadar götürmüştür. Çünkü Amerika, Gülen'in sadece kendi zihniyet ve sistemini kabullenmesiyle yetinmemiş, O'nu bu sistemi sahiplenmeye zorlamış, Cemaati O'nun üzerinden küreselliğin bir parçası haline dönüştürmüştür. Amerika'nın İsrail'den ayrı bir politikası olmadığı/ olamayacağı gerçeğinden baktığımızda Gülen'in irtibatlandığı derin ilişkinin gerçek adresini bulmakta zorlanmayacağımız aşikardır.

Nitekim Rusya, Çin, Japonya, Almanya, Fransa ve diğer bazı AB ülkeleri gibi gelişmiş ve güçlü ülkeler de bu adresin farkında oldukları için, kendi ülkelerinde Cemaat kurumlaşmasına geçit vermemişlerdir ve oralardaki çalışmalar kişisel ilişkiler düzeyinde kalmış, daha ötesine geçememiştir.

Cemaatin dış ülkelerdeki yapılanma modeli aynen Türkiye'de olduğu gibidir. Hedef ve gayede de bir değişiklik yoktur. Hatta, özellikle devlet tecrübesi zayıf ülkelerde, Cemaatin devletlere sızması Türkiye'den çok daha kolay olmuştur. Bu devletlerde, yönetici kadronun çoğunluğu Cemaatin okullarında, üniversitelerinde okumuş; Avrupa ya da Amerika gibi ülkelere gidip kariyer yapanlar da mutlaka Cemaatin denetimi ve desteği ile çalışmalarını sürdürmüşlerdir. Bu arada da çoğu ülkelerine dönerken bir Cemaat üyesi olarak dönmüştür. Devletin üst düzey kadrolarında bunlara ön açılması da yine koordineli bir şekilde ve örgütsel ilişkiler öne çekilerek gerçekleşmiştir.

Türkiye Cumhuriyeti Devleti, bu muazzam potansiyeli kendi lehine kullanabileceği bir strateji keşfedebilirse elbette bu hem ülkemiz hem de Cemaatin konuşlandığı dış ülkeler açısından hayırlı olur. Ama böylesi bir strateji keşfedilemezse, bu muazzam potansiyel, hem ülkemizin hem de söz konusu ülkelerin daha uzun süre başını ağrıtmasını sürdürür.

28 ŞUBAT SÜRECİNDE YAŞANANLAR

28 Şubat, insani değerlerin bütününe yapılan bir darbe girişimiydi. İnsanların temel haklarına doğrudan saldırıydı. Erbakan ile başlatılmak istenen milli duruşu önlemek ve Türkiye'yi tekrar bir koloni ülkesine döndürmek öncelikli hedefti.

Korku o kadar bacayı sarmıştı ki, dik duruşlu insanların gösterdikleri kahramanlıklar dahi bir başkaldırı olarak kabul ediliyor; böyle bir çıkışın bedelini bütün Müslümanlar ödeyecek gerekçesiyle tenkide uğruyordu. Zaten cuntacıların istediği de buydu; meydana getirmek istedikleri korku imparatorluğunu kurmakta başarılı da olmuşlardı.

Cemaat, 1994'de kurulan Gazeteciler ve Yazarlar Vakfı etkinlikleriyle basın, spor, sanat ve iş dünyasında oldukça tanınır hale gelmişti. Fakat özellikle iş dünyasındaki ve basındaki kabullenişler bize duyulan sempatiden çok Cemaatin, Refah Partisi alternatifi hatta karşıtı kabul edilmesinden kaynaklanıyordu.

Gülen de sürekli bu yeni sürece göre söylemler geliştiriyor, bazı söylemleri ise, geçmişiyle tamamen çelişkili oluyordu. Anlatımlarının özeti; biz Müslümanız, milliyetçiyiz, devletçiyiz, hoşgörülüyüz anlamlarında odaklanıyor; çalışmaların merkezinde eğitim olduğu hususuna özellikle vurgu yapılıyor; yurtdışında açılan okullar ve oralarda okutulan İstiklal Marşları ve uygulanan eğitimin İngilizce olması nazara veriliyordu. O güne kadar hiç yüzleşmediğimiz bu karşı mahallenin sakinleri de bizi, kibir ve tekebbürün en üst perdesini ifade eden bir onaylama ile dinliyor, işçisine tenezzül etmiş patron edasıyla bize iltifatta bulunuyordu.

İlk görüşme turlarından sonra muhataplarımız, Cemaatin çok yönlü gücünü anlamakta gecikmediler. Gazetelerin, televizyonların kapılarını bize ardına kadar açtılar. Haber yapılmamak kaydıyla o günkü bütün merkez medya kuruluşlarını ziyarete başladık. Mesela, Milliyet Gazetesi'ni ziyaretimizde Aydın Doğan bütün köşe yazarlarını ve üst düzey yöneticileri de toplamış; görüşmemiz böyle gerçekleşmişti. Hürriyet'i ziyaretimizde Ertuğrul Özkök yine bütün köşe yazarlarını ve yöneticileri bir araya toplamıştı. Dinç Bilgin de Sabah Gazetesi'ni ziyaretimizde aynı şeyi yapmıştı. Ayrıca, ünlü gazeteci ve yazarlar da Gülen'i ziyarete başlamışlardı. Haftanın birkaç günü bu görüşmelere tahsis edilmiş durumdaydı. Spor ve sanat camiasının ünlüleri de ayrıca bazı görüşmelere davet ediliyordu. Cemaat bir yönüyle açılımda altın yıllarını yaşıyordu. Hatta bir defasında Gülen, yüzlerce Cemaat üyesinin iştirak ettiği bir sohbetinde, bu başarıyı şöyle destanlaştırmış; Latif Hoca, şu son üç senede bizim otuz senedir yaptığımız hizmete denk hizmet etti, demişti.

İşte 28 Şubat, Cemaatin üzerine böyle bir atmosfer içindeyken kabus gibi çöktü. Üç sene içinde açılmış bütün kapılar kapandı. Gülen'le görüşmek için sıraya girmiş olanlar, şimdi Gülen'in görüşmek için sıraya girdikleri oldular. Çoğu verdiği randevuyu iptal etti. Biz yine biz bize kalmış olduk.

Bir karar verilmesi gerekiyordu. Ya askere karşı direnenlerin safında yer alacaktık ya da karşı tarafta. Gülen değişmeyen stratejik tercihiyle darbecilerden yana tercih kullandı ve bu arada hiç yapmaması gereken yanlışlara imza attı. Milletin iradesiyle seçilip gelmiş hükümete, beceremediniz artık gidin, dedi. Hükümetin neyi beceremediğini ise kimse anlamış değildi. Darbecilerin talep ve isteklerine kayıtsız şartsız itaat isteniyordu; hükümetin beceremediği bu kimliksiz, bu kişiliksiz uyumdu.

Gülen, başörtüsü mağduru binlerce üniversite öğrencisi ve onların mağdur edilmiş ailelerini de hiç görmezden geldi. O'nun yanında başörtüsünün direnç göstermeye değecek bir dini hükmü yoktu; O bir füruattan ibaretti; gazeteler O'nun demecini manşetten "Başörtüsü teferruattır" diye verdi. Zaten Gülen bu fetvayı yıllarca önce askerlerin, emniyet mensuplarının, bürokratların, hakimlerin, savcıların eşlerine vermişti. Şimdi isteyen herkes bu fetvanın kapsamına dahil edilmiş oluyordu.

Asker bunlarla da yatışmamıştı. Gülen, Çevik Bir'e mektup yazarak istenirse okulları devredebiliriz, mesajını gönderdi. Bu mesaja da olumlu-olumsuz bir cevap alınamadı. On kişi kadar bir heyet seçildi; her hafta Gülen ile toplanıyor, gelişmeler hakkında değerlendirmeler yapıyorduk. Daha çok da bizim masum olduğumuzu anlatmak için önemli gördüğümüz kişileri ziyaret ediyor; gösterilen istiskallere aldırmadan kendimizi anlatmaya çalışıyorduk.

Gülen'in daha sonra pişmanlık duyduğunu söylediği Kanal D'de, Yalçın Doğan'la yaptığı söyleşi böyle sıkıntılı bir dönemde oldu. Sohbet talebimizi Yalçın Doğan'a ben ilettim. O da kabul etti. Yani bu görüşmeyi hariçten zorlayan hiçbir baskı söz konusu değildi. Gülen'in bütün ifadeleri esasen kendi düşüncelerini aksettiriyordu. Bizden, böyle bir görüşme yapılmasını ne Yalçın Doğan ne de bir başkası talep etti. Gülen'in kullanıldık dediği, içindeki müzmaratın usta bir gazeteci tarafından deşifre edilmesiydi.

Gülen, can havliyle böyle bir görüşmeyi NTV'de, Taha Akyol-Cengiz Çandar ikilisinin programına katılarak da yaptı. Sağlı sollu liberaller adeta Gülen'in can simidi olmuştu. Birileri anlaşılan, tavşana kaç, tazıya tut demişti. Cemaat, o dönemde sığındıkları liberallerin vesayetini bundan böyle hep üzerlerinde hissedeceklerdi. Onlar nasıl akıl verdilerse, Cemaatin davranışları o istikamette cereyan etti.

Özellikle de Abant Platformu böylesi bir işlev gördü. Cemaat, o platformu kendi yönetiminde sandı; halbuki entelektüel destek adı altında bu platforma katılan çoğu liberal aydınlar bu platformu kullanarak Cemaate akıl hocalığı yaptı. Düşünce kovaları boş Cemaat üyelerini de muhatap edindiklerinden kovayı istedikleri düşüncelerle doldurdular. Cemaatin o işle görevlilerine başta olmak üzere, bütün Cemaate de kovayı bir merkep ahmaklığı ile taşımak işi düştü.

Fakat, 28 Şubat ve sonrasında cemaate yönelik doğrudan hiçbir müdahale olmadı. Hatta bir ara Gülen bana, üç beş arkadaşla hapse girmeyi düşünüyorum, ortalık rahatlayıncaya kadar hapsedilmemizde fayda olacak gibi, sen de gelir misin, dedi. Seve seve cevabını verdim.

Fakat, haftalar geçmesine rağmen herhangi bir davet alamayınca Gülen'e ne olduğunu sordum. Vazgeçtim, dedi. İçeriye gireriz, bu adamlar bize ilaç verirler, şimdilerde bazıları Mehdilik, Mesihlik hezeyanlarına girdiği gibi bize de aynı şeyi yaptırırlar, diyerek de açıklamada bulundu.

1999 yılında da bilindiği gibi Gülen Amerika'ya gitti. Gidişi bir-iki kişi hariç herkesten gizli tutuldu. Ben de gittiğini uçak havalandıktan sonra duyanlardanım. Söylenen gerekçe sağlık kontrolüydü. Tabii ki bunun böyle olmadığını yakın çevre biliyordu. Söylenti doğruysa önce askeri temsilen üç kişilik bir heyet Gülen'e gelmiş, Amerika'ya gitmesi gerektiğini kendisine tebliğ etmişti. Fakat Gülen bu tebliği geri aldırmak için uğraşmış fakat bunda başarılı olamamıştı. Son çare Ecevit'in devreye girmesiydi. Ecevit de başarılı olamayınca, Gülen'i telefonla aramış, kriptolu bir konuşmayla, sağlığınız çok önemli, mutlaka Amerika'ya gidin, demişti. Gülen için artık başkaca çare kalmamıştı; Amerika'ya gitti.

Fakat en kısa zamanda geri dönmeyi planlıyor, bunun için de çeşitli çareleri devreye sokmaya çalışıyordu. Bunun üzerine asker karşı bir hamlede bulundu; ellerindeki bir bandı ATV'de Ali Kırca'nın sunumuyla yayına soktu. Gülen'in burada yaptığı konuşmalar özellikle muhataplarına verdiği taktikler, Atatürk aleyhine sarf ettiği sözler toplumun büyük bir kesimini şoka soktu, infiale sevk etti. Bunun üzerine Gülen, SHOW TV'de Reha Muhtar'ın programına telefonla bağlandı. İki saate yakın süren bu röportajı bütün Türkiye dinledi. Gülen yaptığı konuşmalara teviller getirmeye çalışsa da inandırıcı olamadı. Sonunda dediklerinden dolayı özür dilediğini ilan etti.

Cemaat ise en büyük şokunu o anda yaşadı. Şimdi ne olacaktı? Herkes bu iş de buraya kadarmış, demeye başladı. Üst düzey cemaat yöneticileri kaçacakları ülkeleri konuşur oldular. Onları, Çamlıca'daki Akademi binasına davet ettim. Detaylarına girmeyi gereksiz gördüğüm bir konuşmayla, kaçmamaya, herkesin görevine devam etmesine onları ikna ettim. Hatta onlardan birisi daha sonra, senin o günkü davranışın bu cemaatin dağılmasını önledi, demişti. Bizim kararlılığımız tabana da olumlu tesir etti. Cemaat kısa süreli panikten de bu şekilde kurtulmuş oldu.

GÜLEN'İN DEĞİŞİM VE DÖNÜŞÜM SENDROMU

Değişim, her insan için söylenebilecek bir oluşumdur. Bu yönüyle de çok da üzerinde durulmayı icap ettirecek bir konu değildir. Fakat değişimi önemli kılan, değişimin hangi yönde olduğu meselesidir. Eğer insan, doğruya, hakka, kemale doğru bir değişim göstermişse bu elbette makbul ve matlup bir değişimdir; durum aksine ise hüküm de aksinedir. Gülen'in değişimi ise hem söylemde hem de fiiliyatta bu ikinci şekil değişime dahildir. Yani tasvip edilecek hiçbir yanı yoktur. O'nun yakın çevresi, bu değişimi bir tedbir, bir taktik olarak yorumlama gayretindedirler. Fakat Gülen'in bütün hayatı nazara alındığında bu değişimin, negatif yönlü bir dönüşüm, bir başkalaşım olduğu çok net görülür.

Bunda belki de çocuk yaşta bastırılmış duygularının da etkisi vardır. Çok çabuk etki altında kalan, taklide çok meyyal olması sebebiyle okuduğu çeşitli kitapların, seyrettiği filmlerin, farklı kültürden insanlarla tanışmış bulunmanın da bu dönüşümde etkili olduğunu söylemek mümkündür. Mesela, televizyon haberlerinde, dönemin Amerika başkanı oğul Bush'un,

Pentagon'u ziyaretinde, askerlerle beraber yemek yemesi haber yapılmıştı. Bush, self servis tabağıyla sıraya girmiş, aynı karavanadan yemeğini alarak bir masaya oturmuştu. O sıralarda Gülen'i ziyaret maksadıyla ben de Amerika'daydım. Gülen belki tam bir hafta, mutfaktan yemeğini kendisi aldı; Bush taklidiyle geldi bir yere oturdu, yemeğini öyle yedi. Bir farkla ki, Gülen yemeğini alıp gelirken herkes ayakta O'nu bekliyor, O oturmayınca da kimse oturup yemeğe başlamıyordu. İşte bu kuru, hem de kupkuru bir taklitti. Neticesi itibariyle de tamamen anlamsızdı. Zaten bir hafta sonra her şey eski haline döndü; yine yemekleri başkası tarafından getirilip önüne kondu; yine hastalıkları sebebiyle kendisi için özel hazırlanan yemekleri yemeye başladı.

Gülen, iyi denecek ölçüde bir taklit ustasıdır. Baş başa denecek kadar dar dairede yaptığı sohbetlerinde O bu istidadını bol bol kullanır; insanları ses tonlarıyla, jest, mimik ve hareketleriyle taklit eder. Hem bizleri güldürür hem de kendisi doya doya gülerdi. Levent Kırca'nın "Olacak O Kadar" programını hiç kaçırmaz, bazen onu dinlerken gülme krizine tutulduğu bile olurdu. Böylesi durumlarda saygınlığını zedelememek için hemen televizyonlu odadan ayrılır, kendi odasına geçerdi.

Aslında Gülen lüks yaşamaya, entelektüel görülmeye aşırı düşkün olan bir insandı. Hiçbir zaman da kendi imkanları ölçü yapıldığında mütevazi bir hayat yaşamadı. Fakat kendine biçtiği misyon O'nu aksi yönde davranmaya zorladı. Çevre faktörünü de hallettikten sonra Gülen, zoraki yaşadığı hayat tarzını bir tarafa bırakarak esas arzuladığı hayatı yaşadı. Bu O'nun için temel davranış tarzıydı.

Sanırım 1976 yılındaydı. İkimiz yaya olarak bir yere gidiyorduk. İzmir Fuarı'nın önünden geçerken bana hiç fuara gidip gitmediğimi sordu; ben de çocukluğumdan bu yana oldukça çok gittiğimi, özellikle hayvanat bahçesinin görülmeye değer olduğunu söyledim. Gel girelim, dedi. Fuara doğru yöneldik. Üç beş adım atmıştık ki, birden aklına geldi; ama fuarın girişinde MTTB'nin bürosu var, dedi. Olsun hocam, fuara gitmenin ne sakıncası var, dedim. Bana, sen önden git, bak görünürde kimse yoksa bana işaret et, dedi. Önden gittim, MTTB bürosu insan kaynıyordu. Geri döndüm, durumu bildirdim, fuara girmekten vazgeçti. Yolumuza devam ettik. Aynı yıllarda Almanya'ya gitti. Dönüşte, Frankfurt'taki hayvanat bahçesine gidip gezdiğini, çok muhteşem bulduğunu, birkaç kere anlattı.

TRT'nin televizyon yayınlarına başladığı ilk yıllarda, çok şiddetle televizyon muhalefeti yaptığını biliyoruz. Hatta, evlerinde televizyon anteni gördüğümüz tanıdıklarla selamı kesme kararları alıp uyguluyorduk. Bu Gülen'in kaldığı yere televizyon alınmasına kadar hep böyle sürdü; sonra da televizyon başından ayrılmaz olundu.

Gülen, kaldığı yerlerin lüks ve şatafatına rağmen kendi odasının sade olmasına özen gösterdi. Bunu da her zaman lüks ve şatafat isnatlarına karşı müdafaa aracı olarak kullandı. Sözde o, gayet sade bir hayat yaşıyordu. Odasının sergisi bir kilim, bir hasırdan ibaretti.

Ona özel dokunan o kilimin, o hasırın maliyetinin bir halıdan fazla olduğunu ise hiç kimse gündeme getirmiyordu. Kaldığı binanın her türlü lüks ve ihtişamından sanki O gün boyu hiç istifade etmiyor, sadece odasında yaşıyordu.

Bunları söylerken, O'nun yaşamındaki dönüşümlerin suni ve yapay olmadığını anlatmak için söylüyorum; O zaten böyle bir dönüşümü baştan arzulayan insandı, vakti geldiğinde, imkan el verdiğinde de bu arzu ve isteklerini uygulamaya koydu, demek istiyorum. Dolayısıyla Gülen'in değişim ve dönüşümü için ayrıca bir dış tesir aramaya gerek yoktur. Gülen son sergilediği tavırlar da dahil, bütün yaptıklarını bilerek, isteyerek ve içselleştirerek yapmaktadır.

Bir gün Alaeddin Kaya ziyaretime geldi. Üç dört saate yakın konuştuk. Cemaatte ve Gülen'de o zamanlarda görmeye başladığımız çelişkileri dillendirince bana şunu söyledi: Geçenlerde arkadaşlarla bu meseleye bir yorum getirmek için Ankara'da bir toplantı yaptık. Hoca efendinin bu çelişkili hallerini izahta güçlük çekiyorduk. Ne demeliyiz, nasıl söylemeliyiz diye epey bir fikir alışverişinde bulunduk. Sonunda Hoca efendinin "değiştim" demesi gerektiğinde karar kıldık.

Ben de diyorum ki; Cemaat söylemlerinde, eylemlerinde çok ciddi evrilmeler, devrilmeler, değişimler, dönüşümler yaşasa da Gülen için bunlar söz konusu değildir. O, sonradan değişim gibi görülen her düşüncenin, her halin ilk başta da potansiyel taşıyıcısıdır. İmkan el verdiğinde, fırsat doğduğunda, şartlar hazır hale geldiğinde ondaki bu potansiyel hal, fiili duruma dönüşmüştür, dönüşmektedir ve dönüşecektir.

NEPOTİZM VE CEMAAT

Nepotizm, Latince'de 'yeğen' anlamına gelen 'nepos' sözcüğünden türetilmiştir. Yönetimde kan bağı yakınlığını öne çıkaran bir sistemin adıdır. Denilenlere bakılırsa, Rönesans döneminde Papaların yeğenleri için üst düzey işler bulma eğilimleridir. Yine denildiğine göre, bu tür uygulamalar kilisenin etkinliğini ve diğer kişilerin morallerini olumsuz yönde etkilemiştir.

Konuyu Cemaat bağlamında düşündüğümüzde, özellikle 2000'li yıllardan sonraki süreçte cemaat içinde görünür bir şekilde böylesi bir uygulamayı gözlemlemekteyiz.

Gülen, işin başında, yakınlarını özellikle kardeşlerini cemaat yapılanmasının bünyesine almamakta çok radikal paradigmalar geliştiren bir insandır. Hatta, kardeşlerinin zengin ve varlıklı insanlar olmamaları için özel dualar ettiğini nice defalar açıktan söylemiş; bunu da hizmetin töhmet altında kalmaması gerektiğine bir gerekçe olarak yorumlamıştır.

Ne ki, 'yeğen' kimliği taşıyanlar için bu tür hassasiyet söz konusu olmamıştır.

Yeğenler ve onların oluşturduğu ağlar, zamanla özel bir statüye tabi tutularak bir çeşit nepotizm uygulamasına geçilmiş, bu geçiş de hiç kuşkusuz cemaatin kaotik düzenli yapısına bir boyut daha eklemiştir.

Yeğenler kadrosu, Gülen'le doğrudan görüşme imtiyazına sahiptir. Bu imtiyaz, cemaat içindeki özgül ağırlığı sebebiyle, her türlü hiyerarşiyi, her türlü statü farkını sıfırlayan bir durumdur. Yeğenler, Gülen'le görüşmelerini, O'nun odasında ve Gülen'le baş başa yapabilmektedir. Bu durum cemaat içinde çok az insana nasip olan bir payedir; böylesi payeye mazhar olanlar, görüşmelerinin muhtevası ne olursa olsun cemaat içinde öncelikli kişiler olarak algılanır; manevi otoriteleri tartışmasız hale gelir. Piramidin en tepesindeki kişiler bile, bu imtiyazlı kişilere karşı hassas ve özverili davranmak zorundadır. Bir bakıma artık onlar, topluluğun altın buzağısı mevkiindedir.

Cemaat içindeki nepotizm uygulaması elbette sadece meselenin psikolojik yanıyla sınırlı değildir. Bu kadro, en önemli hizmetlerin kendilerine emanet edildiği seçkinlerdir. Özellikle, mahrem ve gizli kalması gereken her türlü çalışma bu kadronun yed-i eminine ya da daha doğru ifadeyle tekeline teslim edilir. Gülen bu kadroyu, cemaat içi istihbarat elemanları olarak da kullanır. Bu bilindiği için de, cemaatin aktif elemanları bu kadro fertlerine karşı hem tedbirli hem de riyakar davranır. Gülen'e bağlılık, sadakat mesajları çoğunlukla bu kadro fertleri üzerinden gönderilir; Gülen'e muhalefet edenlere karşı geliştirilen en adi linç söylemleri bu kadro fertlerine bir amentü inancı içinde sadakat gösterisi olarak beyana dökülür. Onlar da bu ifadeleri, gönüllerinde yer ettiği ölçüde Gülen'le paylaşır.

Cemaate katılımlar çoğaldıkça ve çeşitlendikçe, söz konusu kadronun işlevi de artmış, gördükleri işler de büyük oranda çeşitlenmiştir. Onlar ve kurdukları ağ şimdilerde Cemaat yapısının çekirdek kadrosu olmuştur.

Cemaat çözülmeye başladığında, Gülen'in en çok başını ağrıtacak hususlardan birisi de kuşkusuz sonradan geliştirilen söz konusu kadroya olur vermesidir. Sıhri bağı, sadakat ve körü körüne bağlılığı esas alan; istidat, kabiliyet ve liyakati dışlayan bu tür körleştirici uygulamanın pratikte, taklit ya da insiyaki cemaat aidiyeti sebebiyle iki kötü sonucu daha olmuştur.

Birincisi, bu tür uygulamayı model alan her seviyedeki cemaat içi yönetici, işe kendisi için böyle bir gizli kadro edinmekle başlamış; bu sebeple de cemaat bünyesinde bölünmeyi, parçalanmayı tetikleyecek ve hızlandıracak yüzlerce görünmez adacıklar oluşmuştur.

İkincisi, aynı model, cemaat büyük bir akraba grubu kabul edilerek dış dünyadaki ilişkilerde uygulanmış resmi, gayr-i resmi bütün iş alanlarına öncelikli olarak cemaat üyeleri yerleştirilmiştir. Bu tür olumsuz uygulamanın milletimize neye mal olduğunun envanteri ise henüz çıkarılabilmiş değildir.

AMERİKA SONRASI SÜREÇTE, GÜLEN CEMAAT İÇİNDEKİ KONUMUNU NASIL KORUDU?

Gülen, Amerika'ya gitmeden önce, idari fonksiyon adına bütün gücü elinde bulundurduğundan cemaatin idari yapısı zaten lider merkezliydi. Dolayısıyla Amerika'ya gitmekle merkez karargahı da oraya taşımış oldu; cemaatin sevk ve idaresinde herhangi bir boşluğa fırsat vermedi. Türkiye'de O varken de nihai karar organı olarak bir tayin heyeti vardı; dünyadaki bütün problemler dosyalar halinde tayin heyetine geliyor, tayin heyeti haftalık yaptığı bu toplantının bütün kararlarını ertesi gün Gülen'e arz ediyor ve ondan çıkacak kararları da yürürlüğe koyuyordu. Gülen Amerika'ya gittikten sonra da birkaç kişi ilavesiyle tayin heyeti varlığını ve faaliyetlerini sürdürdü. Kararlardan acil olanlar kendisine telefonla arz edildi; acil olmayanlar ise heyet içinden görevlendirilen bir kişiyle gidilip Amerika'da görüşüldü. İlk sene, Gülen'in geri döneceği hesabıyla bütün çalışmalar eski rutin haliyle devam etti. Gazete ve televizyon yönetimleri de yine teknolojik gelişmeler görüşmelerde neye imkan tanıyorsa o şekilde gerçekleşti.

Gülen'in geri dönme durumu zaafa uğrayınca, üst düzey yönetici durumunda olan bütün cemaat üyeleri istisnasız yurtdışı hizmet rotasyonuna tabi tutuldu. Sadece bu üyelere gitmek istedikleri üç ülkeyi seçme imkanı verildi. Bu üç ülkeden hangisini Gülen onaylarsa her üye oraya gidecekti. Bu tayinler gerçekleşince de zaten Türkiye ayağında Gülen'i idari anlamda zorlayacak hiçbir engel kalmadı. Türkiye psikolojik bağlamda da merkez olma konumunu Amerika'ya devretmiş oldu. Daha önceleri Türkiye'de gerçekleştirilen bütün görüşmeler Amerika'da gerçekleştirilmeye başlandı. Gülen, güvendiği bütün yetenekli arkadaşları da Amerika'ya topladı; Amerika'ya gitmek, oraya yerleşmek ayrıca özendirildi; Gülen başka hiçbir desteğe ihtiyaç duymayacak şekilde hem iş adamları hem de talebe potansiyeli gücüyle bu yeni karargahını tahkim etti. Karargah değişiminde de bu açıdan bir boşluk yaşanmadı.

GÜLEN'İN İSTİHBARAT SAPLANTISI

Gülen'de istihbarat öncelikle kişisel bir zaaftır. Mesela, hiçbir istihbarat bilgisine ihtiyacı olmadığı halde O, Kestanepazarı'ndaki yöneticiliği sırasında da bazı silik karakterli talebeleri muhbir olarak kullanırdı ve onların pek çoğu diğer talebeler tarafından da bilinirdi. Bunlardan bazıları, kendi kişisel düşmanlığına Gülen'in bu zaafını kullandığı da olur; pek çok talebe muhbirlerin sahte bildirmeleriyle cezalandırılırdı.

Gülen'in istihbarat zaafını ilk keşfeden Mustafa Özcan'dı. Gülen'in keşfettiği en yatkın muhbir de nitekim oydu. Bu karşılıklı uyum bugüne kadar dönüşümlü devam etti. Hatta insanlık adına utandırıcı boyutlara ulaştı. Muhbirlik özelliği, Özcan'ın diğer bütün eksi yanlarının Gülen tarafından örtbas edilmesine yetti. Özcan, hiç de ehil olmadığı konumlara hep muhbirliğiyle getirilmiş oldu.

1991 yılındaydı. İstanbul'da mukim üst düzey yönetici durumundaki arkadaşlar, Suat Yıldırım'ın evinde iftar yemeğinde buluşmuştuk. Ben sadece davet edildiğim için gitmiş, iftar yapmaktan başka da bir düşüncem olmamıştı. Fakat iftardakiler, daha sık bir araya gelmekten, birbirimizi ziyaret etmekten bahisler açtılar. Özcan da bizimle beraberdi. Daha iftar yemeğini bitirip evlerimize gelmemiştik ki, hepimizin İstanbul'dan başka yerlere tayin edildiğini öğrendik. Sebep, bizim gizli bir toplantı yapmamızdı; ihbarı yapan da bizzat Gülen'in bana sitem yapar gibi söylediğine göre Mustafa Özcan'dı.

Cemaatin gelişmesiyle birlikte muhbirlik bir ünite haline geldi. Önceleri amatörce yapılıyor, Gülen'in hedef gösterdiği kişiler bu muhbirler tarafından çeşitli yöntemlerle takibe alınıyordu. Bu yöntemlerden en çok uygulananı ise, takip edilecek kişiye en yakın dost, arkadaş, sırdaş olmak şeklindeydi. Takip edilen kişi işin farkında değilse bu sözde dostuna her şeyi konuşuyor, o da bunları birinci elden Gülen'e ulaştırıyordu.

Elbette Gülen kendisine muhbir tarafından aktarılan bilgiler doğrultusunda hedef kişiyi uyarırken bunu bir keşif, keramet edasıyla söylüyordu. Bu durum da o kişinin yanlışlarından nedamet edip, Allah'ın veli bir kulu olduğunu öğrenmiş bulunduğu Gülen'e bağlılığını artırıyordu. Sonra da bu kişi, yaşadığı tecrübeye daha nicelerini ilave ederek Gülen'in bir propagandisti haline geliyordu.

Cemaat yapısına emniyet elemanlarının dahil olmasıyla birlikte Gülen'in istihbarat yapılanması yeni bir evreye girmiş oldu. Devletin bu mevzudaki hazır eleman ve teknik alt yapısı Cemaat içi istihbaratta kullanıldı. Gülen'in daha Amerika'ya gitmeden önce bana, hakkını helal et, seni on beş senedir dinletiyorum; çünkü cemaatin önünde bir insansın, yapacağın yanlış hepimizi bağlar, demesi bir vicdan rahatlamasını teminden çok bana verilen gözdağıydı. Belki de bu durumu benim başkalarıyla paylaşacağım düşünülerek diğer Cemaat üyelerine benim üzerimden korku verilmek de istenmişti. Gülen'i tanıdığım için O'nun bu son oyununa gelmedim. Fakat bundan sonra Gülen'e ne gibi mesajlar vermek istiyorsam onu telefonda dile getirdim. Her defasında da mesajıma karşılık buldum.

Cemaat üzerinde başlayan bu istihbarat tecrübesi, Cemaatin yatay ve dikey büyümesine paralel olarak Cemaat dışı dünyayı da kapsayacak şekilde ivme kazandı. Teknolojik gelişmeler anında ve gecikmesiz olarak kullanıldı. Telefon dinlemesinden ortam dinlemesine geçildi; görüntüleme imkanı doğunca da sisteme bu da dahil edildi. Kaset-montaj-şantaj, kurumsal bir üniteye dönüştü. Bu sonuca ulaştıracak her türlü gayr-i ahlaki kumpaslar bu yeni ünite tarafından hazırlandı, servise sunuldu.

Gülen her nedense istihbarat yanını gizlemeye hiç ihtiyaç duymadı. Bizimle bazı gizli bilgileri nasıl paylaşıyorsa çok rahat siyasilerle, basın mensuplarıyla da paylaştı. Mesela, daha Milli Güvenlik toplantısının tutanakları Cumhurbaşkanı'nın önüne gitmeden bana gelir, demesi gibi. Güneydoğu'daki bütün gizli entrikalardan haberdar oluşu ve bunları dönemlerin başbakanları Tansu Çiller ve Mesut Yılmaz'la paylaşmaları gibi. Darbe olacak bilgisini yine dönemin Başbakanı Demirel'e ulaştırması gibi. Hiç kimsenin de o dönemlerde, iyi ama sen bu bilgileri nerden elde ettin, diye sorma gibi bir şey aklına gelmedi. Veya kimseye bu soru birileri tarafından sordurulmadı; Gülen'in elde ettiği gizli bilgiler kimlerin işine yarıyorsa bu konuda Gülen'in önünü onlar açtı. Gülen'in yürüyüşünü onlar kolaylaştırdı. Tabii, bunlar arasında dezenformasyon amacıyla yapılan bilgilendirmeler de vardı. Özellikle Gülen Amerika'ya gitmeden önce bu tür bir bilgi bombardımanına uğratılmış ve ikili bir özel görüşmemizde bana bu durumu açıktan itiraf etmişti. Ben de kendisine bundan sonra bu tür dezenformasyonların hep olabileceğini, olayları değerlendirmede kendi feraset ve basiretine öncelik vermesi gerektiğini ifade etmiştim.

Dini bir cemaatin, kaset-montaj-şantaj gibi gayr-i ahlaki bir çalışmaya meyletmesi dıştan bakan insanlar için, özellikle bu konuda çalışma yapacak cemaat üyelerini ikna bağlamında şaşırtıcı gelebilir. Fakat konuya kendi şartlarını göz önünde bulundurarak bakılırsa şaşılacak bir durumun olmadığı çok net görülür.

Öncelikle, Gülen emri kime vereceğini bildiği için, bu tür çalışmaları yaptırması bağlamında ayrıca o insanları ikna etmesi gerekmiyor. Diğer yandan, zaten genel anlamda cemaat, dönem itibariyle umumi bir manevi kokuşma yaşıyor. İslami yaşantının azamisini yaşamaya kilitlenmiş bir topluluk, öyle bir dejenereye maruz ki, İslam'ın asgari şartlarını bile ruhsatları son sınırına varıncaya kadar kullanma durumuna sürüklenmiş. Büyük günahları işlemek yadırganmayacak kadar sıradanlaşmış. Bünye bu hale gelince, en gayri ahlaki teklifler bile yapılsa çok reaksiyon görecek durumu yok. İkiyüzlü bir yaşam sarmış bünyeleri. Halk içinde başka tavırlar, yalnız kalındığında başka işler, başka ameller. Meselenin bir bu yönleri var. Bir başka yönü de, yapılan her şeyin dava uğruna yapıldığı yalanına inandırılmış çoğu. Ya da nefislerine hoş geldiği için -tesellisi de mevcut böylesi günah tekliflerinin- dava adına olacağına inanmak istemişler. Hedefe varmak için her yol mubahtır anlayışı da ruhlara, akıllara, kalplere hakim kılınmış. Bir de meselenin daha sinsi bir şeytani yanı var ki, şudur: Yönetici durumda olanlar, topluluğun en faziletlileri olma durumlarını koruyamadıklarından, onları da beraberlerinde aşağı çekmişler. Ta ki kendileri yine üstte kalabilsinler, onları yönetmede zorlanmasınlar. Zaten, 1995'den sonra, alternatif açılım adı altında yapılan çalışmalar cemaatin önde gelenlerini oldukça yozlaştırmış; özellikle iş adamlarını tamamen seküler bir alana savurmuştur.

Olayların tanıklığından öğreniyoruz ki: Kaset-Şantaj-Montaj ünitesi çok maksatlı olarak kullanıldı. Öncelikle Cemaat içinde böyle duruma maruz bırakılanlar, ömürlerinin sonuna kadar Gülen'e mahkum hale getirildiler. Bu uğurda bilhassa cinsel temalı günahları işlemeye zorlananlar oldu; ağa düşenler de bir daha kurtulamadı. Cemaat dışında ise, önemli iş adamlarını, bürokratları, siyasileri kendi emellerine alet etmek uğruna bütün bu tertipler yapıldı. Eğer bir iş adamının veya bürokratın kirli işleri ve ilişkileri tespit edilmişse, başka bir kanalla da bu tespitler ona duyuruldu; o kişiler eldeki bu belgeleri duyunca zaten cankeş oldular, ne denilirse, ne istenirse yapar hale geldiler.

FUAT AVNİ MESELESİ

Doksanlı yılların başıydı. Zaman Gazetesi'nde, Mehmet Kafkas takma adıyla yeni bir kalem zuhur etmiş, yakın tarihimizle ilgili ilginç, çarpıcı yazılar yazıyordu. Bilgiler yeni ve arşive dayalıydı. Sanırım bazı makaleleri Sızıntı dergisinde de yayınlanmıştı. Özellikle, resmi tarihin örtbas etmeye çalıştığı bazı konuların böylesine cesurca ve belgeleriyle deşifresi hepimizin hoşuna gidiyor, hepimizi heyecanlandırıyordu. Çok geçmeden beklenen oldu. Savcılık Mehmet Kafkas hakkında soruşturma başlattı, konu mahkemeye intikal etti.

Mutat görüşmelerimizden birini yapmak üzere Gülen'in kaldığı yere gittim. Görüşme öncesi, orada bulunan bazı arkadaşlar bana, Mehmet Kafkas diyerek bir genci tanıttılar. Söz konusu genci biraz daha yakından tanımak için, nispeten tenha başka bir odaya geçtik. Yakın tarih üzerine biraz sohbet ettikten sonra kendisine de bazı sorular sordum. Gencin, kem küm edişinden hatta yüzüme boş gözlerle bakışından konuyu anladım, bir şey demeden odadan çıktım.

Yemek sonrası sohbette çay içilirken, Gülen, aynı genci oradakilere Mehmet Kafkas kardeşimiz, diye tanıttı. Herkes başını gence çevirip hayranlıkla seyre koyulmuşken, ben, hemen yanında bulunduğum Gülen'in duyacağı hafif bir sesle, Yakup Kadri'nin 'Zoraki Diplomat'ından mülhem, zoraki Mehmet Kafkas, diye fısıldadım. Gülen, tedirginleşerek, bana eliyle susmamı işaret etti. Odasına geçerken yanına çağırdı. 'Asıl Mehmet Kafkas, resmi bir arkadaş, mahkeme O'nun hakkında dört seneye yakın ceza verdi, deşifre olmasın diye böyle bir tedbir düşündük' diyerek konuyu izah etti.

Meğer, lise mezunu bu fakir genç, yurtdışında bir üniversitede okutulmak, yurtdışı bursu verilmek, sonra da iş garantisi sağlanmak gibi vaatlerle Mehmet Kafkas olmaya ikna edilmiş. Mahkemeye de bu genç çıkarılmış. Daha inandırıcı olsun diye de, Mehmet Kafkas diye ifşa edilmesine karar verilmiş. İçimin nasıl ezildiğini hâlâ unutamıyorum.

Gülen, zaaf derecesinde tecessüse meyyal bir insandır. Cemaat yapılanmasında da O'nun bu zaafı en üst seviyede karşılık bulmuştur. Kimin tecessüsü güçlü ise, o kişi Gülen'e sadakati ölçüsünde olmak kaydıyla ve aktardığı bilgilerin değeri baz alınmak şartıyla Gülen'e en yakın olma şansına da sahiptir. Maalesef, Cemaati kendi içinde deforme eden en büyük illet de budur. Üst kademede çalışanların her biri, birbirinin kurdudur. Gülen'in gözüne girmek isteyen müptezellerin kendilerine rakip gördükleri kişileri en alçak iftira ve yalanlarla Gülen'e gammazlamaları ve istedikleri neticeleri bu yolla elde etmeleri sayısı oldukça kabarık sıradan olaylar cümlesindendir. Onlara bu fırsatı veren, onları böylesi kirli yollara teşvik eden de elbette Gülen'in bizzat kendisidir.

Gülen'in bütün deneme ve teşebbüslerini boşa çıkarmış ve O'nun bu zaafına asla, hiçbir zaman ve hiçbir kimse hakkında alet olmamış bir insan olmanın güven ve huzuru içinde ifade ediyorum ki, maalesef, ağabeyliklerine güvendiğimiz en zirvedeki kişiler de dahil Gülen'in bu noktada kullanmadığı has kadro üyesi yok gibidir. İçlerinden aksini savunacak biri çıkarsa, dediklerimi somut delilleriyle ispat etmeye de her zaman hazırım.

Gülen, elde ettiği istihbarat bilgilerini elinde bir güç olarak bulundurur.

Bu bilgileri, gerektiğinde partikül olarak başkalarıyla paylaşsa da bütününü asla kimseyle paylaşmaz. Herkesi kendine rakip görme paranoyasını da hesap edecek olursak bunda da haksız sayılmaz. Muhabbetimizin güçlü olduğu dönemlerden birinde bana yaptığı özel tavsiyelerden biri de şudur: Sadece senin bildiğin, başkasıyla paylaşmadığın mutlaka bazı bilgiler olsun.

Arap baharı denilen süreçte, sosyal medyanın gücü görülünce, Cemaat çalışmaları açısından, bu gücün ayrı bir ünite halinde ele alınması kararlaştırıldı. Türkiye'de ve diğer ülkelerde sosyal medyaya aktif katılımı koordine edecek elemanlar tayin edildi.

Özellikle dershane krizinden sonra sosyal medyanın kullanımı hizmette öncelik kazandı. Buna paralel olarak da o konudaki aktif elemanlar önem sırasına göre öne çıkarıldı. Fakat işin aslan payı Fuat Avni'ye aitti. Fuat Avni elbette Gülen'den başkası değildi ve yukarıda bazısını aktardığım gerekçelerden dolayı zaten başkası da olamazdı.

GÜLEN'İN DİĞER CEMAATLER PROBLEMATİĞİ

Gülen'in diğer İslami grup ve topluluklarla ilişkisi, yaptıklarını kontrol ve onlarda gördüğü önemli çalışmaları taklit düzeyindedir. Mesela, yurt ve pansiyon hizmetlerinde, Süleyman Efendi'nin talebelerinin bir taklitçisidir. Hatta bazı yerlerde, onların yönetimindeki bazı yurt ve pansiyonları ele geçirmek için çalışmalar bile yapmıştır. Gazete, televizyon, finans kuruluşları gibi hususlarda Işıkçılar diye bilinen Hüseyin Hilmi Işık'ın takipçilerini taklit etmiştir. Daha sonra ortaya çıkan bir bilgiye göre Gülen, söz konusu cemaate ait işletmeleri iflasa sürüklemek adına çeşitli atraksiyonlarda bulunmuş; örneğin, onlara ait üst düzey yönetimlere kendi adamlarıyla sızarak bu olumsuz emellerine ulaşmanın çarelerini aramıştır.

Daha sonra, bütün cemaatlere sızma, o cemaatleri koordine etme gibi çalışmalar tamamen yeni bir alan olarak üniteye dönüştürülmüştür. Özellikle bu cemaatlerin ya da derneklerin, vakıfların yurtdışı hizmetleri, ekseriyet itibariyle Cemaat tarafından ele geçirilmiştir. Ele geçirilemeyen cemaatlerin ise bölünüp dağılmaları için her türlü entrika ve oyunlar denenmiştir. Cemaat, gücü yettiği ölçüde, başka ülkelerdeki İslami hareketlere, İslami topluluk ve gruplara da aynı yöntemle yaklaşmıştır.

Bilhassa Amerika ve Batılı ülkelerdeki İslami çalışmalara ekonomik desteklerle sızılmış; oralardaki çalışmalar böylece Cemaatin denetimine geçmiştir. Böylesi bir ele geçirilişin, CIA ve MOSSAD hesabına işleyeceğini sanırım artık hatırlatmaya gerek yoktur.

Türkiye'deki azınlıklar anlamındaki cemaatlere Gülen'in yaklaşımı riyakar ve iki yüzlüdür. Örneğin, bir taraftan, Cemaat üyelerine Fener Rum Patrikhanesi'nin çevresindeki yerleri satın almalarını emretmiş, Patrikhane'nin alanını genişletmesini önlemenin önemli bir cihat olduğunu söylemiş; diğer taraftan da Patrik Bartholomeos ile görüşerek O'nun "Ekümeniklik" talebini desteklediğini deklare etmiştir.

Ermeni azınlıklarla ilgili riyakarlığını ise bize yapmıştır. Senelerce, Erzurum'daki ve diğer Doğu illerindeki Ermeni mezalimini destanlaştırarak anlatan, Ermeni soykırımı iddialarının büyük bir yalan ve iftira olduğunu savunan Gülen, Yeni Şafak Gazetesi'nin yayınladığı bir belgeye göre, daha Kırklareli vaizi iken Ermeni Patriği'ne bir mektup yazmış, Ermeni soykırımı ile ilgili duyduğu üzüntüyü belirtmiş ve iddialarında Ermenilerin haklılığını söylemiştir.

GÜLEN – AK PARTİ – ERDOĞAN İLİŞKİLERİ

Gülen'in öncelikli problemi doğrudan Recep Tayyip Erdoğan'la değil, Necmeddin Erbakan ve O'nun temsil ettiği siyasi misyonla alakalıydı. Nur Camiası genelde sağ merkez kitle partisine oy verdiğinden Milli Nizam Partisi ve daha sonra kapatıldıkça isim değiştiren diğer türevlerine hep mesafeli durdu. Bir bakıma o ve onun gibi sağda tekevvün eden diğer partileri, sağ merkez partisinin bölünmesini ve güç kaybını hızlandıran çalışmalar kategorisinde değerlendirdi. Yani pratikte bu tür partiler sol merkez partisinin işine yarayacağı endişesini taşıdı. Bu anlamda Gülen de diğer Nur talebeleri gibi davranmış oluyordu. Fakat Gülen'i diğer Nur talebelerinden ayıran en önemli fark, tamamen Amerika politikasına endekslenmiş bakış açısıydı. Ona göre, Amerika kime onay verirse iktidar onun hakkıydı; Amerika'nın onaylamadığı kitle partisinin hem seçilme hem de iktidar olma şansı sıfırdı.

Gülen bu durumu sadece bir realite, bir vaka olarak kabullenmiyor, aynı zamanda idealize ve iltizam ediyordu. Çünkü O'na göre iktidar hakkı haklının değil güçlü olanındı. Amerika şu anda en güçlü olduğuna göre dünyayı idare etme, yani dünya iktidarı hakkı da ona ait olmalıydı.

Gülen'i böyle bir kanaate sahip hale getiren elbette önemli sebepler vardı. Fakat bu sebeplerden en önde geleni, Gülen'in her iki Edirne döneminde Amerikan Kültür Merkezi'nin müdavimi olması; burada maruz kaldığı Amerikan propagandasıyla adeta beyninin yıkanmış bulunmasıydı. Zaten O'nun Komünizmle Mücadele Derneği kurma teşebbüsünün altında yatan gerçek sebep de Amerika'ya kayıtsız şartsız teslimiyetle sonuçlanan, maruz kaldığı bu ameliyeden başkası değildi.

Recep Tayyip Erdoğan, İstanbul Büyükşehir Belediye Başkanlığı'na aday olduğunda, Refah Partisi'nin adayı idi. Cemaat ise o dönemde ANAP'ı tutuyordu. Bu sebeple de ANAP adayı İlhan Kesici'yi destekledi. İlhan Kesici'yi tercih de bir başka sebeple, tam o sıralarda İlhan Kesici'nin Demirel Ailesi'ne damat olmasıydı.

Bilindiği gibi Recep Tayyip Erdoğan, okuduğu bir şiir yüzünden mahkum edildi. O dönemde Cemaat hiçbir şekilde Tayyip Bey'in bu mağduriyetini sahiplenmedi. O'na bu haksızlığı yapanlara destek çıkar bir pozisyona girdi. Hapishaneye girdiğinde de O'na, siyasi hayatı sona ermiş, işi bitik bir adam nazarıyla baktı. Sonradan öğrendiğime göre, Cemaat içinden O'nu hapishanede ziyaret eden bir ben olmuşum.

Tayyip Bey'le, Gazeteciler ve Yazarlar Vakfı Başkanı olduğum dönemde birkaç kere görüşmüş, insan olarak, bir dava ve ideal insanı olarak kendisini sevmiştim. O zamanki adı İŞHAD olan Cemaate ait iş adamlarının düzenlediği bir yemekli toplantıya konuşmacı olarak katıldığında aynı masada oturmuş, sohbet etmiştik. O toplantıya biraz geç gelmişti. Yeri benim hemen yanımdı. Bizler ise menünün tatlı kısmına geçmiş bulunuyorduk. Tayyip Bey gecikmeli geldiği için bizlerden özür dilemiş, biraz sonra da garson O'nun önüne bir yemek koymuştu. Kazanda kalan son kalıntılardan oluşan bir yemek olduğu belliydi ve görüntüsü de çok özensizdi. Bu hali görünce çok canım sıkıldı. Aynı konumda bir başkasının önüne servis edilseydi; herhalde o yemeği ya yemez, ya da geri gönderirdi. Nasıl davranacak diye merak ettim. O bu durumu hiç umursamadı. Elindeki çatal bıçakla evvela tabaktaki yemeğe güzel bir şekil verdi; sonra da gayet iştahla, afiyetle yemeğini yedi. Kendi kendime işte insan, işte lider, dedim. O anda içimden kulağına eğilip, bir gün Başbakan olacaksınız, hazırlıklarınızı öyle yapın, demek geçti. Fakat, teklifsiz olacak kadar hukukumuz olmadığı için sükut ettim.

Hapishanede ziyaret ettiğimde de içimde O'na karşı bir sevgi oluştu. Yüzlerce insan sıraya girmiş O'nu ziyaret için bekliyordu. Fakat o, hususi dostluklarının hiçbirini zedelemeden kiminle nasıl ilgilenmesi gerekiyorsa ilgileniyordu. Beraber gittiğimiz müşterek dostlarımızla bir müddet sohbet ettikten sonra, bir saate yakın süre de baş başa sohbet ettik. Dışarıda sıra bekleyenlerin hoşnutsuzluk seslerini duyunca ben müsaade istedim, tekrar görüşmek temennisiyle vedalaştık.

Ak Parti'nin ilk kuruluş aşamasından ilk genel seçimlere gireceği kadarki süreçte Cemaat tamamen bu oluşumun karşısında bulundu. Gerekçe ise askerin asla bu partiye geçit vermeyeceği şeklindeydi. Hatta o sıralarda Gülen'i ziyaret için Amerika'ya gitmiştim. Aynı gerekçeli ifadeyi, daha ağır eleştirilerle kendisinden de dinlemiştim.

Seçimler yapıldığında ben Arjantin'deydim. Gelişmeleri sınırlı imkanlarla takip edebildim. Fakat, üç sene sonra tekrar Türkiye'ye yerleşik olarak döndüğümde, Harun Tokak'tan mealen şunları dinledim: Seçime günler kalasıya kadar Ak Parti karşıtlığımız sürdü, Ak Parti'nin asla seçimi kazanamayacağına olan inancımız devam etti. Bir gün Hoca efendi telefonla aradı. Kendisine daha önceki görüş açımızı esas edinerek bir şeyler söyledim. Bana, adamlar gürül gürül geliyorlar, siz daha neler konuşuyorsunuz, koşun beraber görünün, dedi.

Tabii ki burada beraber görünme ile beraber olmanın farklı şeyler olduğunu söylememize gerek yok. Cemaat seçimlerde doğrudan Ak Parti'yi destekledi mi, yoksa bunu kişilerin kendi tercihine mi bıraktı? Desteklediyse ne oranda ve niçin destekledi?

Eğer Cemaat Ak Parti'yi desteklediyse bunun tek sebebi olabilir: O da İsrail'den ve Amerika'dan alınan onaydan başkası değildir. Nitekim sonraki yerel ve genel seçimlerde Cemaat var gücüyle Ak Parti'yi desteklemiş; pek çoğu Ak Partililerden çok Ak Partili olarak aktif çalışmıştır. Fakat ne zaman ki, Recep Tayyip Erdoğan İsrail karşıtı tavrını açıktan deklare etti, Cemaat Ak Parti'yle olan bağını ne pahasına olursa olsun kesiverdi. Daha sonra da Ak Parti'yi, Recep Tayyip Erdoğan'ı bitirmek için ne yapabilecekse yaptı; bu uğurda tarihte lanetlenmeyi bile göze alarak her türlü şer ittifakla işbirliğine girdi.

Bu sonuçtan da anlıyoruz ki, Cemaatin Ak Parti'yle olan ilişkisi tamamen taktiksel, çıkara dayalı ve üst aklın direktifleri doğrultusunda kurulan ve sürdürülen bir ilişkiydi; samimi, içten ve ülke menfaati gözetilerek kurulmuş bir ilişki değildi. Nitekim yer yer Tayyip Erdoğan'ın bazı icraatlarından hoşnutsuzluk daha ilişkinin ilk kuruluşundan beri vardı; açıkça deklare edilmese bile bu hoşnutsuzluklar, yine ağır eleştiriler halinde bizzat Gülen tarafından dışa kapalı özel sohbetlerde dile getirilmişti.

Amerika'da olduğum bir zamanda, Gülen aldığı bir telefon sonrası küplere binmiş, Tayyip Bey'i kast ederek, biraz güçlenip palazlanınca hemen firavunlaştı, mealinde şeyler söylemişti. Anladığım kadarıyla Cemaat bir teklifte bulunmuş, dönemin Başbakanı Recep Tayyip Erdoğan da bu teklifi geri çevirmişti. Şunu çok net söyleyebiliriz ki, eğer Gülen üsten bir zorlama olmasaydı, Ak Parti ile asla ilişki kurmazdı; çünkü o, Erbakan'la aralarında kan uyuşmazlığı olduğunu açıktan söylediği gibi, o gelenekten gelen herkese de aynı olumsuz duyguları besleyen biriydi.

ERGENEKON – BALYOZ – ASKERİ İSTİHBARAT OPERASYONLARI

Türkiye, Ak Parti hükümetinin ekonomik ve politik bazı hamleleriyle, artık sadece askeri darbeyle alt edilebilecek bir ülke olmaktan çıktı. Vesayetin el değiştirmesi bu açıdan, Türkiye'de egemen olmak isteyen güçler tarafından önemliydi. Askeri unsurlar arasında, vesayetin el değiştirmesine direnç gösterenlerin ve egemenlik gücünün hala kendilerinde kalmasını isteyenlerin tasfiyesi zaruri hale gelmişti.

Halbuki askeri yapı içinde onlar hala hakim durumdaydı. 28 Şubat'ın psikolojik izleri de henüz tamamen silinmiş değildi. Nitekim politik alanı ciddi sarsan bir E. Muhtıra da yapılmıştı. Cumhurbaşkanı Abdullah Gül'ün hanımı, başörtülü olduğu için GATA'ya alınmıyor, dıştan eşleriyle gelen resmi konukları karşılamada kırmızı halıda yürüyemiyordu.

Bu baskının mutlaka bir son bulması; bu baskıyı yapanların mutlaka kendi hizmet alanlarına döndürülerek, üzerlerine vazife olmayan yerlerden tecrit edilmeleri şarttı. Bunu da askerle yaptırmanın imkanı yoktu. İmkanı yoktu çünkü kahir üstünlük cunta taraftarlarının elindeydi. İmkanı yoktu çünkü böylesi bir çatışma Türkiye'nin bir daha durulması mümkün olmayan bir iç savaşa sürüklenmesi olurdu; bunu da o günkü konjonktürde hiç kimse talep etmiyordu. Dış güçlerin istediği istikrarlı; fakat kendilerine itaatkar bir Türkiye'ydi. Cemaatin, yargı ve emniyetteki gücü de artık sır değildi. Ak Parti hükümeti de bu süreçte cemaatin yanında yer almayı iki şerden en hafifini seçme bağlamında kabullendi. Asker içindeki vesayetlerini sürdürmek isteyenleri tasfiye adına düğmeye basıldı; cemaatin gücü de bu arada kullanıldı. Gülen hazır fırsat bulmuşken, bu durumdan istifade ile askeriyeden cemaat dışı bütün unsurları temizleme hevesine düştü; özellikle ve öncelikle, kendi adamlarının hedeflenen konumlara gelmesine engel gördükleri kişileri bir şekilde tasfiye emelindeydiler. Bu Cemaat adına hayati bir fırsattı; bu sebeple de gayeye ulaşmak uğruna her yolu denemenin mubah olduğuna inanıyorlardı. Suçlu-suçsuz demeden bütün tasfiye edilmek istenenler bir şekilde birbiriyle ilişkilendirildi; Ergenekon, Balyoz, Askeri Casusluk gibi davalar yürürlüğe sokuldu. Genelkurmay Başkanlığı yapmış İlker Başbuğ gibi bir general dahi terör örgütü kurmaktan suçlanarak tutuklandı. Özellikle ilk tutuklamalar gerçekleşince, bu durum askeri darbelerden canı yanmış halk kitleleri tarafından da coşkuyla karşılandı; medya da bu coşkulu taraftarlığa iştirak etmekte gecikmedi. Bunlardan bazıları yapılan operasyonların ucunun kime dayandığını, hangi dış güçlerin isteğine teşne olunduğunu bildiği için olanları destekledi; bazıları da eskiye ait baskıların tükenişine sevindiği için desteğini sürdürdü. Fakat, Cemaat bu arada, askeriyedeki en önemli ve stratejik yerleri ele geçirme adına yetişmiş pek çok istidat ve kabiliyeti de devre dışı bırakmış; bir bakıma orduyu zaafa uğratma gibi bir ihaneti de irtikap etmiş oldu.

Cemaat, kendisini muktedir kılacak yola girince bir başka hırsa, bir başka ihtirasa daha büründü. Recep Tayyip Erdoğan'ın İsrail karşıtı tutumunu da fırsata dönüştürmek gayretiyle Gülen'in kendisine en büyük siyasi rakip görmeye başladığı Recep Tayyip Erdoğan'ı da tasfiyeye karar verdi. Gülen zaten hilafet günlerini sayar olmuştu. Dönemin Cumhurbaşkanı, Başbakanı, Bakanları doğrudan ya da aracılarla kendisini çeşitli vesilelerle Türkiye'ye dönmesi çağrılarını, davetlerini tekrarlasalar da o bunların hiçbirine kulak asmadı; hafife alıcı ifadelerle geri çevirdi. Çünkü o, Türkiye'ye kendisine biçtiği hilafet misyonuyla dönmek istiyordu. Nitekim yoğun bir inşaat faaliyetine girilerek Ankara'da kendisine bir de saray yapılmıştı.

Hükümet ve özellikle Recep Tayyip Erdoğan, dışa açıklamasalar da elbette adım adım yaklaşmakta olan tehlikeyi görüyor, biliyordu. Ama karşı hamleyi meşru kılacak bir zamanı beklediler. Gülen, zafer sarhoşluğu içinde, hiç yapmaması gereken bir yanlışı yaptı; emniyet ve yargıdaki gücünü bütün bütün deşifre etti. Bu deşifre, devleti Cemaat dışı kalmış bütün erkleriyle hükümetin yanında yer almaya zorladı.

Dolayısıyla Gülen, sadece Recep Tayyip Erdoğan'ı değil hükümeti ve devleti karşına almış duruma düştü. Sonra da bu sarmaldan kurtulamadı. Üst üste yediği darbelerle önce sendeledi, son yere yıkıldı. Galibiyetine kesin gözüyle bakan Gülen, belki hayatında en acı mağlubiyeti hem de iliklerine kadar yaşadı.

GÜLEN SONRASI CEMAAT

Cemaat yapılanmasının ilk on yılında, hiyerarşik model ve statüler oluşmaya başlayınca, ister istemez Gülen sonrası problematiği gizliden gizliye konuşulmaya başlandı. Herkesin o günkü şartlarda bir halef namzedi vardı. En çok da İsmail Büyükçelebi ile Abdullah Aymaz'ın adı geçerdi. Gülen, bu söylentilerden rahatsızlık duymaya başladı. Bir gün beni odasına alarak, Aymaz'dan çok yönlü dert yandı. Aymaz, Gülen'in hiçbir vaaz ve konferansına dinleyici olarak katılmamıştı, katılmıyordu. Cuma akşamları yaptığı soru-cevap sohbetlerine katılmamak için kendisine Risale dersleri ihdas ediyor, bunu da mazeret olarak ileri sürüyordu. Konferanslarına katılmayacağını bildiği için öyle durumlarda Gülen O'na yapay görevler veriyor, İzmir dışına çıkmasını sağlıyordu. Bütün bu olumsuzluklar da Gülen'e göre Cemaat içindeki ahengi bozuyor, tefrikaya sebebiyet veriyordu. Bu anlatılardan ve burada söylememe gerek olmayan bazı ayrıntılardan sonra, Gülen sözü Aymaz'ı devre dışı bırakmak istediği noktasına taşıdı; benden de fikir soruyordu. Yani Gülen, Aymaz'ın ipini çekmeye karar vermişti, işi görecek cellat arıyordu. Bunu bana yaptırabilirse, hem Aymaz'dan kurtulmuş olacak, hem de benden gelecek şiddetli muhalefetin önüne geçmiş olacaktı. Gülen'in asıl niyetini anlayınca, hocam, bizim Abdullah ağabeye olan muhabbetimiz tamamen Risale-i Nur hesabınadır. Risaleleri okumaya başladığımızda bizimle teker teker meşgul olur, anlamadığımız yerleri bıkmadan usanmadan tekrar tekrar anlatır. O bakımdan da bizim kuşak üzerinde ödenemez hakkı vardır. Fakat bu sevgimize başka anlamlar yüklemek doğru değildir. Siz de biliyorsunuz ki, Abdullah ağabey üç koyunu bir arada güdemeyecek durumda bir istidadın insanıdır. Bu bakımdan da sizi endişelendirebilecek bir durumu yoktur, dedim. Gülen rahatlamış, Aymaz da kurtulmuştu.

Tabii ki, Gülen'in bu konuyu bana açmasının bir sebebi de, hakkında aynı endişeleri duyduğu bana da bir uyarı anlamına geliyordu. Fakat Aymaz için kullandığı argümanların hiçbiri benim için varit değildi. Gülen'in vaazlarını kaçırmazdım. Soru cevap sohbetlerine aktif olarak katılır, yazılı olarak soru sorardım. Bu sorular da daha çok Gülen'in sorulmasını istediğini bildiğim konulardan olurdu; Gülen de bu soruların sorulmuş olmasından memnuniyet duyardı. Konferanslarının da hemen hepsine katıldım. Hatta Altın Nesil konferansını kendi imkanlarımla yayına hazırladım.

Aradan ne kadar süre geçti bilmiyorum; hatırladığım 1980 öncesi olduğudur. Bir gün Bozyaka yurdunun taraçasında yalnız başıma oturuyordum. Kuşluk vaktiydi. Kimse yoktu. Biraz sonra Gülen de geldi, kendi yerine oturdu. Bir şeyler söylemek istediğinde takındığı tavrı takındı.

Cemaat içindeki vahdetin lüzumundan bahsetti, tefrikaya götürücü davranışlardan kaçınmamız gerektiğini söyledi, üstünlük duygusunun (o faikiyet dedi) bir zaaf olduğunu, insanın her zaman kendisini sıfırlaması gerektiğini anlattı; sonunda da "Biliyor musun, dün ağabeylerin beni hesaba çektiler. Bana, sen kendinden sonraya Latif Hoca'yı mı bırakacaksın, dediler" dedi. Buruk bir gülümsemeyle tebessüm ettim, başkaca bir şey söylemeyi zait buldum. Sadece içimden, Hoca efendi bundan sonra bana yapacağı haksızlıklara kendince iyi bir mazeret buldu, dedim. Yanılmamıştım. Seneler sonra, Ağabeyler dediklerinden birine bu olayı anlatarak o gün bu konuşmayı yapanlar arasında sen de var mıydın, diye sordum, Güldü, hatırlamıyorum ama olduysa da onu bize de kendisi söyletmiştir, dedi.

Gülen, kendisinden sonrası için beklentisi olanları dengeleme adına, birçok kişiye mavi boncuk takmış olmalı ki, bu moda girenlerin sayısı oldukça arttı. Aylık toplantılardan birinde ve toplantı ortamında kendisine şu mealde bir soru sordum: Allah geçinden versin, fakat size emr-i hak vaki olursa, sizden sonraki şahsı tayin işi nasıl olacak? Vasiyet usulüyle mi, seçim usulüyle mi gerçekleşecek? Gülen'e bu soruyu sormam toplantıda bulunan sorumlu arkadaşlar tarafından önce yadırgandı; fakat Gülen hiç bozuntuya vermeden, ben öldüğümde, inşallah Cemaat kendi Ebu Bekir'ini seçecek duruma gelecek, bir problem olacağını sanmıyorum, dedi. Gülen'in cevabı herkesi rahatlattı. Çünkü kendini namzet kabul edenlerden her biri Ebu Bekir olmayı kendisine yorumluyordu. Zira her birisinin gönlünde takılı Gülen tarafından verilmiş mavi boncuk vardı. Bunlar kendi aralarında rekabet ederken, Gülen Cemaat içindeki konumunu gün güne daha da güçlendirecekti.

Günümüzde artık Gülen sonrasını düşünmek abesle iştigaldir. Bu bir yönden Cemaatin dağılmayla sonuçlanacağı muhakkak bir sürece girmiş olmasından; diğer taraftan da Gülen'i yönlendiren üst aklı ikna edecek yetenekte birisinin bulunmamasındandır. Gülen'i tercih eden üst akıl, O'nun bütün Cemaate hakimiyetinden kendileri açısından en kestirme yolla, firesiz istifade etmektedirler. Halbuki, Gülen dışında onların işine bu kadar elverişli bir başkasını bulmaları mümkün değildir. Cemaat, başkaca sebeplerle dağılıp gitmezse, bölünmeler kaçınılmaz olur. O zaman da Gülen sonrası için birinden değil birçok kişiden bahsedilmesi gerekir.

KARAKTERİSTİK ÖZELLİĞİ

"O gençlik dönemime ait unutamadığım bir hatıram da şudur: Çarşı içinde dolaşırken, elime bir taş alır, uzaktan bu taşı bir polisin kafasına atardım. Adam başına yetiği taş darbesiyle neye uğradığını bilmez bir haldeyken hemen herkesten önce koşturur, yüksek sesle bağırarak, kim attı bu taşı falan diyerek bağırırdım. Sesimi duyanlar polisin başına üşüşür, her kafadan bir ses çıkar, ortalık curcunaya dönerdi. Ben de bir kenara çekilir, onların bu haline gülerdim.

Dikkatleri üzerime çekmeye aşırı düşkünlüğüm vardı. Hatta bazen sırf dikkat çekmek için, minareye çıkar şerefesinde yürürdüm. İnsanların korku içinde beni seyretmeleri hoşuma giderdi. Yine bazen sırf dikkat çekmek için elbisemi ters giyer, çarşıda öyle gezerdim. Herkes tuhaf tuhaf bana bakardı; bu hal hoşuma giderdi.

1960'ta ihtilal olduğu zaman hiç hazmedemedim. Bunu İsmail Gönülalan'a sorarsınız... O gün kaçtık bir köye dönüp geldik. O'na dedim: "Bir iki nur talebesi arkadaşımız var. Biz onlarla sizin oraya geliyoruz. Sen bir silah tedarik et. Birer de bomba. Bu meclisi bu adamların başına uçurmazsam bana da bilmem ne demesinler". Gitmiş bir tabanca bulmuş. Anasıyla da vedalaşmış. Bu fıtrattaydım. Hiç hazmedememiştim. Mecliste bu ihtilalci adamlar milletin reyiyle oraya gelmiş az buçuk Müslümanlığa müsaade etmiş Arapça ezanı yeniden ihdas etmiş kimselere bunu nasıl yaparlar diye affedemiyordum, hiç içimden atamadım.

Hatta 7-8 ay sonra asker oldum. O zaman üsteğmen olan Mehmet Özmutlu -ki yarbaylıktan emekli oldu- beni Salih Özcan vasıtası ile tanımıştı, beni koruyup kollar, bizim bölük komutanı Yılmaz Bey'e iyi bir yere verilmem hususunda tembihatta bulunurdu. Ben de Özmutlu'ya: "-Beni genelkurmaya versinler" diyordum. Kafamda sabotaj yapmak vardı. Genelkurmayı havaya uçurmak, bu adamlardan ne pahasına olursa olsun intikam almak istiyordum. Hiçbir partici benim kadar intikam hissiyle gerilmemiştir yani. Partici filan değildim. Dine karşı bu kadar iyilik yapan kimselere yapılan namertliği hazmedememiştim. Nihayet beni iyi yer olarak telsiz çevirmelerinin bulunduğu İskenderun'a gönderdiler. Memnuniyetsizliğimi izhar ettim.

Cevdet Sunay yeni genelkurmay başkanı olmuştu. Bir aralık bizim oradaki (Mamak) spor salonunda güreş müsabakaları yaptırdılar. 29. Tümen de oradaydı. Kara kuvvetleri komutanı da vardı. 2. ordu komutanı Cemal Tural da vardı ve biz O'na bağlıydık. O gün ben hep etrafı araştırdım. Bir bomba bulur ve onları havaya uçururum diye.

Kafamdan atamadım bunu. Bu his askerliğim boyu devam etti. Müteheyyiç bir fıtratım vardı. Fakat zamanla makul hizmeti, müspet düşünceyi kabullene kabullene bunları aştım. Yoksa 100 defa böyle şeylerin planını kurmuş, bomba olup patlamanın yollarını aramışımdır.

Biraz önceki anlattığım planları hazırlarken Yaşar Hoca'ya bir sorayım dedim: "Ben böyle şeyler yapmak istiyorum. Nasıl olur? Bu *adamların hepsini öldürebilirim"* dedim. Bana: *"Oğlum! Ben sana bir şey sorayım: Sen bunları öldürsen bunların yerine sağlam olarak kimi koyacaksın?"* dedi. *O zamana kadar bunu hiç düşünmemiştim. Çamurun biri gidecek diğeri gelecek. Bu fikrin bana faydası oldu. Bunları fıtratımı tanımanız açısından anlattım..."*

Gülen'in, fıtratını tanımamız için anlattığı bu hususların gerçekten önemi çok büyük. O'nun, değişimin çok ötesinde bir anlaşılmaz hal olan başkalaşıma demir atan hayat serüveninin gel- gitlerini anlamamız bağlamında da karakterini oluşturan tenakuz öğelerini bulup çıkarmamız gerekiyor. Bu çıkarmalar, O'nunla özdeşleşen Cemaat olgusunun karakterine ışık tutması bakımından da ayrıca önemli.

Gülen kindardır. Aynı zamanda sinsi ve içten pazarlıklıdır. Gücü ne kadarına yetiyorsa intikamını o oranda alır. Aldığı ilk intikamla asla yetinmez, gücü arttığında şiddetini artırarak intikamını da tekrarlar. Yukarıdaki anlatılar perspektifinden baktığımızda, hocası Sadi Mazlumoğlu'ndan aldığı ilk intikam gidip O'nu karakola şikayet etme şeklindedir. Çünkü o günkü şartlarda gücü ancak ona yetmektedir. Fakat bu gücü kullanırken, o günün en etkili silahını kullanmaktan çekinmemiştir. O silah, o günlerde, bütün rejim taraftarlarının mazlum Müslümanları yok etmek için kullandıkları silahtır. Gülen, hiçbir iman endazesiyle yan yana gelmesi mümkün olmayan bu silahla, Atatürk'e hakaret suçlamasıyla hocasını vurmak istemiştir. Halbuki henüz Alvarlı Efe Hazretleri hayattadır. Kendisi tarafından o kadar çok sevildiğini iddia ettiği Alvarlı Efe Hazretleri'ne kadar gidip hocasıyla arasında var olduğunu söylediği anlaşmazlığı çözmesi çok rahatlıkla mümkünken; O bütün köprüleri yıkma pahasına karakola koşmuş, sadece şikayet etmemiş, hocasına iftira da atmıştır. Çünkü, Sadi Efendi'nin Atatürk'e hakaret ettiğini doğrulayan ortada hiçbir delil yoktur. Gülen, zor anlarında bu davranışını hep aynı şekilde tekrarlayan bir insandır. Buna tek kelimeyle batıla sığınma psikolojisi de diyebiliriz.

12 Eylül darbesinde, yine kendi ifadesiyle askere yahşi çekişi; daha sonraları darbeci Kenan Evren'in doğrudan cennete gideceğini ifadeye kadar tozutuşu; 28 Şubat adıyla tarihe geçen ceberut dönemde dönemin Başbakanı Necmettin Erbakan'ın yanında yer alması gerekirken askerin

yanında yer alıp hükümete "Beceremediniz artık gidin" deyişi; yine aynı dönemde başörtüsü mağduru binlerce Müslüman genç kızın ve onların ailelerinin yanında yer alması gereken bir anda, "Baş örtüsü füruattır, yani teferruat gibi bir şey" diyerek ne olduğu belirsiz her tarafa çekilebilecek laflar edişi böylesi bir psikoloji sonucu gerçekleşmiş haller olsa gerektir.

Gülen, Alvar İmamı'nın aile bireylerinden intikam alışını ilk fırsatta yaptığı vaazla da tekrarlamış, o iman ocağı yuvanın mensuplarını Nuh'un kafir oğluna benzetmekten kaçınmamıştır. Burada da Gülen'in intikam hırsına büründüğünde hiçbir İslami ölçüyü tanımadığını çok açık görürüz. Alvar İmamı'nın vefatından sonra ettiği hakaretler ise artık O'nun daha güçlü olduğu döneme ait intikam histerileridir.

Gülen'in bugün Recep Tayyip Erdoğan için sarf ettiği, her türlü İslam ve ahlak dışı benzetmeleri de işte böylesi bir histerinin hezeyanları olarak görmek gerekir.

Bilhassa, Recep Tayyip Erdoğan'ın şahsında hükümete ve devlete girişilen 17-25 Aralık darbe girişiminde Gülen ve cemaatinin kullandığı yöntemlerin niçin hiçbir insani ve ahlaki değer taşımadığını da yine bu histerinin şiddeti noktasından değerlendirmek şarttır.

Eskiden düşman ilan ettiği ve asla bir arada düşünülemeyecek ölçüde fikir ayrılıkları bulunan kişi ve kuruluşlarla girdiği kirli ittifaklar ve bu ittifaklar uğruna hovardaca harcadığı öz değerler, elbette selim akılla bağdaşması imkansız hallerdir. Ve bu hallerin, O'nun kin güdüsüyle ve karakterinin böylesi ittifaklara açık yanlarının bulunuşuyla izahtan başka açıklaması da yoktur.

Sırf kendisi gibi düşünmediği ve bazı konularda kendisini tenkit ettiği için önemli bir alim olan Muhammet Doğan'a ve O'nunla aynı düşünceleri paylaşan rüfekasına her türlü alçaklığın serbest oyunlarını oynayarak kurulan kumpasların baş aktörü olması da yine ondaki aynı hezeyan halinin bir yansıması, kozmopolit karakterinin gerekli tezahürüdür.

Düşünün ki o dönemde bu masum insanlar, tahşiye adı altında uydurulan bir örgüte dahil edilmiş, hiç alakaları olmadığı halde Gülenci polislerin marifetiyle evlerine yerleştirilen silahlarla bu insanlar silahlı terör örgütü mensubu iddiasıyla aylarca hapishanelerde mağdur olarak tutuklu bırakılmışlardır.

Neyse ki, sonunda adaletin tecellisiyle, bu insanlar isnat edilen bütün suçlardan beraat ederken Gülen ve takipçileri bu sefer kazdıkları kuyuya kendileri düşmüş; hem devlet hem de millet nezdinde silahlı birer terör örgütü olma durumuyla yüzleşmek zorunda kalmışlardır.

KENDİMİ DE SORGULARKEN

Beni yakından tanıyanlar, yanlış gördüğüm hiçbir meselede sessiz kalmadığımı, doğru bildiğimi ise sonuna kadar savunduğumu bilirler. Ne ki, Cemaat yapılanması içinde bireysel karşı duruşların etkisi ne kadar olabilirse, bizim uyarı ve savunmalarımız da o oranda etkili olmuştur. Yaşadıklarımın onlarcasından birkaçını burada da ifade edeyim:

Daha işin başlarında, Hizmetin lider merkezli değil, ilke merkezli olması gerektiğine inandım. Bunu fiili bağlamda da hayata geçirmeye çalıştım. Mesela, vakıf kurma, yurt açma ilkesini kabul ettikten sonra, aynı prensipleri uygulayacak vakıfların herkes tarafından kurulabileceğini, yurtların açılabileceğini, bunların bir merkeze bağlı kalmasının doğru olmadığını söyledim. Bu sebeple de o gün için Hizmetin ilk ve tek vakfı durumunda bulunan Akyazılı Vakfı'nın yanında bir başka vakıf daha kurma teşebbüsünde bulundum.

Kendi hizmet alanımdaki esnafı, iş adamlarını topladım. Onları böyle bir vakıf kuruluşuna ikna ettim; hayırsever bir insan da bu arada büyükçe bir araziyi yurt yapılması için bu vakfa hibe edebileceğini söyledi. Bir aya yakın yaptığımız görüşmelerin hepsini de, mutlaka Gülen'le paylaştım; O'nun görüşlerini aldım. Bütün gelişmeleri bildiği ve hepsini onayladığı halde Gülen, sırf Akyazılı Vakfı mütevelli heyetinden gördüğü reaksiyon sebebiyle, birden makas değiştirdi; bu teşebbüsü gayri meşru ilan etti; beni de suçlu duruma düşürdü. Elbette daha ötesinde yapacak bir şeyim olamazdı. Fakat daha sonra Akyazılı Vakfı'nın yanında daha pek çok vakıf kuruldu; bunların hepsine de Gülen bizzat öncülük etti.

1976 yılındaydı. Gülen'e, içe kapalı bir cemaat yapılanmasına girilmemesi gerektiğini söyledim. O gün için var olan bazı hareketleri örnek göstererek biz de kendi prensiplerimizden taviz vermemek kaydıyla Milli Türk Talebe Birliği, Ülkücü Hareket ya da Yeniden Milli Mücadele tarzında bir çalışma yapalım, dedim. Gülen bu teklife sıcak baktı. İzmir'in Hatay semtinde Çeşme durağı diye bilinen yerde kaldığı evde bu iş için bir toplantı düzenledik. Sanırım yedi sekiz kişi kadardık. Gülen bize kısa bir açılış konuşması yaptıktan sonra, konuyu kendi aranızda istişare edin, dedi ve odasına çekildi. Herkes düşüncesini anlattı. Çok yönlü mutabakat da oldu. Fakat başlatılacak hareketin adı mevzuunda ben farklı görüşteydim. Hareketin herhangi bir kişinin adıyla özdeşleştirilmemesi gerektiğini, aksi halde bu hareketin adının "Fethullahçı"lık olacağını aynen ifade ettim. Hemen orada bulunanlar sözlü olarak bana taarruza geçtiler. Hatta içlerinden bazıları benim Gülen'i bir türlü kabullenemediğim için böyle söylediğimi bile ileri sürdüler. Bir uzlaşmaya varılamadı ve söz konusu teşebbüs de akim kaldı.

1979 yılında Gülen'in emriyle Bursa'ya gittim. Kısa zamanda ciddi denecek ölçüde şahsıma bir sevgi, bir sempati oluştu. Altı yedi ay gibi bir sürede, on senelik İzmir cemaatini sayıca geçecek güce ulaşıldı. Lider merkezli değil de ilke merkezli çalışmaların ilk pratiği Bursa'da semere vermeye başladı. Gülen bu kısa süredeki gelişmeden rahatsız oldu. Mütevelliden bazı kişileri ayartarak benim hakkımda kendisine hitaben şikayet mektupları yazdırdı. Bunlardan sonuç alamayınca bir gün doğrudan bana bir yazılı not göndererek, ya sen İzmir'e gel ya da ben Bursa'ya gelmek zorunda kalacağım, dedi. Notu alır almaz eşyalarımı da toplayıp İzmir'e gittim. Beni karşısında görünce çok şaşırdı; hemen geleceğine ihtimal vermiyordum, dedi. Sonra odasına geçtik. Boynuma sarıldı, hüngür hüngür ağlamaya başladı. Ben hayretle olanları seyrediyorum. Bir ara, Halit muzaffer bir komutandı; Ömer gel dedi, geldi, dedi. Ben, Hocam beni Bursa'ya kim gönderdi, dedim. Ben, dedi. Peki, bana Bursa'dan kim gel dedi, diye tekrar sordum. Yine ben, dedi. Öyleyse benim gelişimi niçin bu kadar büyütüyorsunuz, ben sadece yapılması gerekeni yaptım, dedim. İşte şimdi beni mahvettin, diyerek ağlamasını ikiye katladı.

Ağlaması bitince tekrar kucaklaştık, helalleştik. Sonra da ben toplantıya katılacağım, dedi odasından beraberce çıktık. O önden gitti. Bozyaka yurdunun beşinci katındaki büyük toplantı salonuna geçti. Ben de arkasından gittim; fakat içeriye girmedim. Koridorda oturdum. Kapı açık olduğu için aynen içerde gibi konuşulanları duyuyordum. Türkiye'nin çeşitli yerlerinden gelen mütevellilerle toplantı yapılıyordu. Gülen kürsüye oturur oturmaz, içlerinden birisi, hocam, duyduğumuza göre Latif Hocayı Bursa'dan almışsınız, sebebini öğrenebilir miyiz, dedi. Gülen birden öfkelendi, çıldıracak hale geldi, evet aldım. Çünkü o Bursa'ya gitti, kendi başına işler çevirmeye, ayrı bir cemaat kurmaya yeltendi, dedi. Dünya başıma yıkıldı. Daha bir dakika önce bana dedikleri neydi, burada dedikleri ne. Beni görüp de utanmasın, diye hemen orayı terk ettim. Gerçi beni görseydi de utanmayacaktı; fakat ben bu gerçeği daha sonraki tecrübelerle öğrenecektim.

1999 yılında, Amerika'ya son gidişinden o uçağa bindiğinde haberdar oldum. Sonra müteaddit defalar ziyaretine gittim. Her vesile ile fırsat buldukça, Amerika'da uzun süreli kalmasının doğru olmadığını ifade ettim; aynı kanaatte olduğunu söylese de dönüş için ciddi bir teşebbüste bulunmadı.

O Amerika'ya gittikten sonra da bir müddet tayin heyetindeki vazifemi sürdürdüm. Fakat, işin laçkalaşmaya başladığını, insanlara açıkça zulüm edildiğini gördüm. Mesela, Yakutistan'daki bir öğretmeni, oranın ülke imamı veya okul müdürü bize bir konuda şikayet etmiş. Heyet hemen şikayet edilen kişinin tayinini Afrika'nın bir ülkesine çıkarıyor. O kişi de hiç sorgusuz sualsiz Ağabeylerimiz öyle münasip görmüşlerse mutlaka bir hikmeti vardır düşüncesiyle ailesini de yayına alarak bizim tayin ettiğimiz yere gidiyor. Ben bu uygulamanın yanlış olduğunu, şikayet edilen kimse hiç olmazsa O'na kendini savunma hakkı verilmesi gerektiğini söyledim. Birkaç meselede benim dediğim uygulandı; heyet bu uygulamadan memnun da oldu. Fakat kısa bir süre sonra yine eski uygulamalara devam edildi; ben de affımı isteyerek tayin heyetinden ayrılmak zorunda kaldım.

Özellikle Gülen Amerika'ya gittikten sonra, Cemaatin yönetici konumundaki kişilerin bazı çevrelerce kuşatılmaya başlandığını gördüm. Bu Cemaat içinde hem sürtüşmelere hem de kültür ve değer değişimine sebep oluyordu. Cemaatin içinde kalıp uyarılarımı sürdürmeyi daha isabetli gördüm. Bilhassa ahlaki çözülmeleri önlemenin çarelerini aramaya başladım. Topluluk daha önce kendisini manevi olarak besleyen referans kaynaklardan hızla uzaklaşıyor; hiç kimse de bu çözülüşün önünü almak için herhangi bir gayret göstermiyordu. Hatta bu kötü gidişi tayin heyetinden ayrılmadan önce de dile getirmiş; Hizmette görevlendirilecek kişilerin öncelikle sabit değerlerimizle test edilmesini önermiştim.

Önerim kabul edildi; kendilerine çok önemli görevler verdiğimiz kişileri de bu testlere tabi tuttuk. İşin özünden ne kadar uzaklaşıldığını hep beraber gördük. Mesela bir arkadaşa, senin için mütevelli heyeti ne anlama geliyor, diye sorduk. Aldığımız cevap, burs veren ve burs toplayan kişiler, şeklinde oldu.

Bu çözülüşün durdurulması için, Gülen'in eskiden beri savunduğu tecrübi tasavvufun devreye sokulması gerektiğine inandım; bu minval üzere konuşmalar yaptım. Tecrübi tasavvufun, bilhassa öndeki arkadaşlar için kaçınılmaz bir şart haline geldiğini dillendirdim. Fakat hem uygulamalarım hem de konuyla ilgili tekliflerim başta Gülen tarafından çok şiddetli reaksiyonla karşılandı; tecrit edilmek, kimseyle görüştürülmemek üzere uzun süre cezalandırıldım.

Yine de bu kötü gidişten Gülen'i sorumlu tutmak gibi bir düşüncem yoktu. Ben meseleyi, Gülen'in Amerika'da tutsak edildiği, Cemaatin de derin güçler tarafından ele geçirilerek bu yanlışlara sürüklendiği şeklinde yorumluyordum. Bu sebeple de çarenin Gülen'in Türkiye'ye dönmesinde olduğu kanaatini taşıyordum.

Bir gün Harun Tokak'a, bu yanlış böyle devam edemez. Eğer Cemaat bu gidişini böyle sürdürecekse ben artık yokum ve olmadığımı da topluma deklare ederim, mealinde bir şeyler söyledim. Benden sonra hemen telefonla Gülen'i aramış. O da bildiği telefonlardan beni aramaya başlamış. Sonunda ev telefonumdan bana ulaştı. "Gelmen için ayrıca davet mi bekliyorsun, niye gelmiyorsun?" gibi gönül alıcı laflarla beni Amerika'ya davet etti. Biletimiz ayarlandı. Bu arada Amerika'ya gideceğimi duyan pek çok dostla telefon görüşmemiz oldu. Telefonumun ve evimin dinlendiğini bilmeme rağmen, bu sefer bütün nazımı koyarak Hoca efendiyi Türkiye'ye getireceğim, hatta o gelmedikçe ben de gelmeyeceğim, gibi sözler söyledim.

Uçağa bininceye kadar hiçbir terslik olmadı. İçimin müthiş şekilde sıkılmasını da yolculuk stresi olarak yorumladım. On senelik vizem vardı ve ben bunun sadece bir senesini kullanmıştım. Bunula birlikte, uçağın kapısından polislerce alındım ve ifadeye götürüldüm. Suçum, kaçak olarak Amerika'ya girme teşebbüsünde bulunmam olarak söylendi. Meğer ben uçağa binince, birileri beni terör suçlamasıyla Amerikan konsolosluğuna ihbar etmiş, onlar da derhal vizemi iptal etmişler. Ben uçakta olduğum için de bütün bu olanlardan habersiz Amerika'ya gelmişim. Fakat resmen ben, kaçak yollarla Amerika'ya girmek suçunu işlemiş olmuşum.

Sorgulama saatlerce sürdü. O gece beni ellerime kelepçe vurup gözaltına aldılar ve bir odaya hapsettiler. Ertesi günkü uçağın kalkış vaktine kadar orada tuttular. Uçağa bindiğimde, Mustafa Yeşil'i gördüm. Türkiye'ye dönüyormuş. Koltuklarımız da yan yanaydı.

Uzun uzun konuştuk. Bana yapılan kumpasın Cemaatin bir işi olduğunu söyledim. Bana, Latif ağabey, çok komplocusun, gibi bir laf etti. Üç sene sonra, vakıftaki odama gelerek, meğer haklıymışsın dedi ve bana yapılan kumpasın Cemaat işi olduğunu itiraf etti. Bu Amerika macerasından sonra Gülen beni asla aramadı; iş sonra belli oldu ki, bu bana doğrudan Gülen'in bir oyunuydu. Artık beni arayacak yüzü de kalmamıştı.

17- 25 Aralık darbe girişimine kadar olanların hepsini Cemaat içi olaylar kabul ettiğimden hep sustum, hiç konuşmadım. Bu darbe girişiminden bir sene kadar önce Cemaatle ilgili her türlü ilişkim Gülen tarafından sonlandırılmış ve bu karar bana Mustafa Yeşil aracılığı ile iletilmişti. Maddi-manevi çok sıkıntı çekmeme rağmen, Cemaat aleyhinde tek kelime konuşmadım. Hatta bu arada Yeni Akit Gazetesi'nde yazmaya da başlamıştım. Fakat Cemaat aleyhinde tek kelimelik imada dahi bulunmadım. 17- 25 Aralık gelişmeleri olunca pek çok gazete ve televizyon kanalından görüş belirtmem istendi; üç ay bekleyeceğimi, yapılan yanlıştan Cemaatin rücu edeceğini umduğumu söyledim. Gülen'i yine bu gelişmelerin dışında tutuyordum. Fakat ne Cemaat hatasından rücu etti; ne de Gülen'in devre dışı olduğuna dair bir emare belirdi. Aksine Gülen olanları var gücüyle sahiplendi; gizli kin ve nefretini O'na hiç yakışmayan ifadelerle dillendirdi. Yapacak başka çare kalmayınca, ancak zaruret ölçüsü içinde kalmak şartıyla Yeni Akit Gazetesi'ne bir röportaj verdim. Sonra da A Haber'de Deşifre programına konuk oldum. Hatta, tamamen bir başka konu için dönemin Başbakanı Recep Tayyip Erdoğan'dan bir görüşme talebim olmuştu. Beni, Dolmabahçe Sarayı'ndaki çalışma ofisinde kabul etti. Konuyu kendisi açtığı için son gelişmeleri de uzun uzun konuştuk. A Haber'e çıkacağımı benden duydu. O'na, Gülen'in aleyhte kullanabileceği bütün silahlarını ilk hamlede kullanacağını, bundan sonrası için endişe duyulacak hiçbir şey olmayacağını söyledim. Çok üzgündü, ben alnı secdeli insanlardan bize zarar gelmez düşüncesiyle, bunlar hakkında bana yapılan bütün şikayetleri göz ardı ettim. Meğer çok saf davranmışım, dedi. Hele, evinin en mahrem yerlerine kadar dinlemeye alınmasına, yerleştirilen gizli kameralarla ev içi hallerin görüntülenmiş bulunmasına çok içerlemişti.

Ak Partililerin o günkü öncelikli endişeleri, Cemaatle olan bu ihtilafın oy kaybına sebep olup olmayacağı konusuydu. Özellikle de Ak Parti'nin tek başına iktidara gelmesine bu ihtilaf mani teşkil eder mi, etmez mi meselesiydi. Hem yazılı hem de sözlü şunu ifade ettim: Cemaatin sempatizan kitlesi asla Ak Parti'den vazgeçmez. Her seçimde oyunu yine Ak Parti'ye verir. Cemaatin kemikleşmiş kadrosu ise, Gülen nereyi işaret ederse o tarafa yönelir; fakat bu sayının seçime pozitif ya da negatif hiçbir tesiri olmaz. Hem yerel hem genel seçimlerde, hem de Cumhurbaşkanı seçiminde sonuç aynen dediğim gibi çıktı; Cemaatin toplumda hiçbir siyasi karşılığının bulunmadığı bu seçimlerle ispatlanmış oldu.

2006 yılındaydı. Suat Yıldırım ile yaptığımız bir sohbette kendisine, Cemaatin elde ettiği gücü yanlış kullandığını, dikey büyüme bu böyle giderse, bir gün devletle burun buruna gelineceğini, devletin Cemaati terör örgütü listesine alacağını ve daha sonra Amerika'ya da bu kararını kabul ettireceğini söyledim. Bana sen nerde yaşıyorsun der gibi yüzüme tuhaf tuhaf baktı. Suat Yıldırım ki Cemaat içinde en mutedil olanlardan biridir. Demek O'na varıncaya kadar Cemaatin büyük çoğunluğu güç kirlenmesinin verdiği kibre, gurura gömülmüştü.

Sonuç olarak: Gülen'in bir İslam İnkılabı hülyası taşıdığına bizler de hep inandık ve bu ülkü uğruna da O'ndan gördüğümüz her türlü haksızlığa sabırla mukabelede bulunduk. Ümmetin hakkı hatırına kendi hatırlarımızı hiç hatırlamadık. Fakat, 17-25 Aralık darbe girişimleriyle ve arkasından inatla sürdürülen atraksiyonlarla anlamış olduk ki, kendisine düşünce ve ülkü bakımından en yakın bir siyasi kadroya bunları yapan bir zihniyetin İslam İnkılabı mefkuresiyle uzaktan yakından alakası olamaz. Olsa olsa, İslam'ın özünde var olan yükseliş kuvvetini kendi kişisel sevdasına vesile ve vasıta olarak kullanmak gibi bir beklentili durum söz konusu olur. Ya da karşı cephenin oyununa iştirak ile fıtri seyrinde giden bir yükselişi önlemek için yapay başarı ve erken doğumlarla ümmeti oyalamak taktiği olur.

KAÇTIM FAKAT

İlkokul öğretmenim beni çok severdi. Çalışkan bir öğrenciydim. Özellikle matematik dersindeki başarımı okulun bütün öğretmenleri bilir, takdir ederdi. Mesela daha ben üçüncü sınıfta iken dördüncü ve beşinci sınıf öğretmeninin sorduğu problemi yapamayan öğrencileri utandırma kastıyla ben çağrılır, tahtada problemi çözerdim. Bu da öğretmenimin bana olan güven ve sevgisini daha da artırırdı.

Kestanepazarı imtihanına ondan habersiz girmiştim. Bu arada iki üç hafta da yatılı kalmıştım. Öğretmenim ise benim yatılı okulda okumamı istiyordu. Oranın imtihanını da kazandığımı öğrenince hem görüşmek hem de haber vermek için öğretmenimi evinde ziyaret ettim. Öğretmenim yatılı okulu kazandığıma çok sevinmiş, Kestanepazarı tercihime ise aynı oranda üzülmüştü. Sen, büyük adam olmaya namzetsin, Kur'an Kursu gibi bir yer senin geleceğini bitirir, mealinde bir şeyler söyledi. Ben de aynı düşüncedeydim. Kestanepazarı'ndan ayrılmaya karar verdim. Fakat nüfus cüzdanım bavulumdaydı, bavulum da Kestanepazarı'nda. Mecburen gidip nüfus cüzdanımı almam, yatılı okula kayıt yaptırmam gerekiyordu.

Nüfus cüzdanımı almak için Kestanepazarı'na döndüm. Fakat tam kapıdan çıkacağım sırada adı Erdoğan olan görevli bir ağabey tarafından yakalanıp Gülen'e götürüldüm. Gülen, gerçekten benim oradan kovulmam içim yaptığım her türlü kaba davranışa olgunlukla karşılık verdi ve uzun bir konuşmadan sonra Kestanepazarı'nda kalmam hususunda beni ikna etti.

Elbette biz, bir mümin olarak kadere inanan insanlarız. Eğer Kestanepazarı'ndan ayrılsaydım ne olurdu bilmemiz mümkün değil. Fakat olanda hayır vardır diyerek burada kalışımızın hikmet yönünü anlamaya çalışmamız en doğrusu. Bir gazeteci arkadaşım bana kırk yıl nasıl bu cemaatin içinde kaldığımı ve nasıl oldu da Gülen'i tanıyamadığımı sordu. O'na, demek ki, bu günlerde vatana, millete hizmet edebilmemiz için o dönemde Allah basiretimi bağlamış, dedim. Bu cevabım O'nun da çok hoşuna gitti.

Bugünkü Gülen'le ilgili veri ve belgeler, birlikte olduğumuz kırk beş yıllık süreçte tarafımdan bilinmiş olsaydı elbette, Gülen'le bir gün bile birlikte olmam mümkün değildi. Fakat biz o gün de dinimize hizmet adına samimiydik, bugün de samimiyiz. Aldandı isek, yine bu samimiyetimiz sebebiyle, İslam'a hizmette saf ve duru oluşumuz sebebiyle aldandık.